AF346264

IDENTITÉS FUGACES

Poésie

Alexandrine LAO

IDENTITÉS FUGACES

Poésie

Ce livre est édité par les éditions Kemet. Vous pouvez le commander en envoyant un mail à editionskemet@gmail.com

Vous pouvez aussi l'acheter sur les plateformes de vente en ligne.

Copyright © Éditions Kemet, 2023
B.P. 1275, Brazzaville,
République du Congo
editionskemet@gmail.com
www.editionskemet.com

Tous droits réservés.

ISBN : 9782493053282

REMERCIEMENTS

– À mon défunt mari Maurice BENGUEMALE et à mon père Maurice LAO, tous deux morts le même jour en 2013.

– À mes enfants et petits-enfants pour leur soutien.

PRÉFACE

Témoin de son temps, de ce que ses yeux fureteurs, inquisiteurs, fouineurs pour être par la suite révélateurs des actions, exactions et autres événements majeurs ou mineurs impactant la vie au quotidien des femmes et des hommes dans l'espace géographique où le destin les a mis ensemble dans une organisation sociale que leur génie humain a permis qu'ils se meuvent, se frottent, s'embrassent, se heurtent selon l'empathie, la sympathie des uns ou l'antipathie des autres, le poète est un phare qui dévoile par ses lumières, les ombres furtives, les démons de l'ombre qui, félins et malins, agressent la vie ici-bas. Il est tout aussi a contrario, un soleil qui par, ses rayons incandescents, transperce les nuages fugaces, mouvants pour révéler les hauts et les bas de la condition humaine. Il est de la nature humaine dotée de Raison et d'émotion de vivre ou de faire vivre à son prochain bonheur ou malheur à son gré ou contre son gré. Du paradis terrestre biblique ou coranique, on passe sans crier gare à l'enfer cauchemardesque pour peu qu'on s'écarte par ses actes de la norme sociale qui a établi des règles de vie harmonieuse au sein des communautés. Nous avons supra parlé de Raison pour mettre en lumière, l'élément essentiel qui diffère l'Homme de l'animal, l'être dont il partage l'existence depuis l'aube des temps de la vie sur terre et qui lui n'en a pas et agit par instinct, pour sa survie en agent vecteur de mal contre ses pairs à quatre pattes, ce que l'être humain peut éviter et devrait éviter avec sa faculté de discerner le bien du mal.

Hélas ! Hélas ! Trois fois hélas ! Cette exclamation exprimant la désolation est en fond sonore de la complainte qui sourd de ces **IDENTITES FUGACES** qui se dégagent du cri du cœur meurtri de notre consœur Alexandrine Lao, la preuve patente et flagrante de la bêtise dite humaine. C'est même à n'en point douter un euphémisme, car l'horreur qu'elle décrit dans certains vers acerbes de son recueil de poèmes qui transpercent le cœur est innommable :

> *« Tes pas pesant de toutes les infamies*
> *Ton corps bardé de pustules nauséeux*
> *Les yeux bégayant d'hypocrisie*
> *Les carats de la honte dilatent ton corps (...)*
> *Ton regard profond de l'abîme*

Ton cœur cramoisi de haine
Tes mains maculées de sang
Tes distractions dans les charniers (...) »

L'Homme ainsi décrit est ce spécimen qui a fait de Sa chère Centrafrique, un immense cimetière à ciel ouvert dont les médias du monde ont couvert et décrit l'horreur à travers les colonnes de leurs journaux défrayant l'actualité internationale dans cette partie du monde située au centre de l'Afrique où les richesses diamantifères dont ce beau pays a été doté par la divine nature, vont hélas ! (le mot est là pour des besoins de la cause entendue) susciter des guerres fratricides des décennies durant entretenues, par les prédateurs occidentaux ayant placé à la tête des États africains nouvellement « indépendants » dans la dépendance forte et bien discrète des malins colonisateurs, des fils du pays, marionnettes et véritables pantins à leur solde.

Selon que les intérêts de la mère-patrie, La France pour ne pas la citer étaient ou non garanties, le pays était un volcan en éruption cyclique et la vie de l'homme ne valait pas plus qu'un carat. Alors, la poétesse née avant l'ère des indépendances, donc qui a vécu dans sa chair, sous ses yeux les violences successives dans lesquelles en réchapper relevait du miracle divin et de l'heureuse fortune des hommes sur terre, car chacun a son destin à accomplir avant de la quitter, prend sa plume comme bagage pour mener ses enquêtes et faire aboutir sa quête de vérité sur ce qui s'est réellement passé dans son pays :

« J'irai par le bois,
J'irai par les routes silencieuses de midi ;
Avec ma plume qui dessinera des arabesques
Sur tous les sentiers abrupts d'amers souvenirs...
J'irai dans vos maisons
Cueillir des miettes d'hospitalité
J'irai dans nos cimetières
Mendier l'aumône de la vérité (...)
J'irai, oui d'une région à une autre,
D'un village à un autre
D'une civilisation à une autre
Pour cueillir la parole de vérité sur vos lèvres (...) »

Belle perspective dirait-on qu'une mendicité de la vérité ! Elle soulage le mental, apaise la conscience longtemps rongée par le mensonge entretenu par les différents acteurs, protagonistes manipulés, présumés coupables ou responsables avérés du drame centrafricain. Il faut au poète traquer la vérité dut-elle se cacher dans les mines de diamants ou dans les pointes d'ivoire des éléphants de la flore centrafricaine et même si cette vérité était scellée dans les malles des Gouverneurs coloniaux et leurs thuriféraires néo coloniaux aux commandes d'hier et d'aujourd'hui de la Centrafrique, elle doit être mise à nu au tribunal de l'histoire, jugée pour son rétablissement afin que justice soit rendue et qu'enfin, soit fumé le calumet de la paix en République centrafricaine. La paix ! La paix ! Oui, la paix est le seul mot qui rime pour de vrai dans le cœur d'Alexandrine avec gai. Gaie comme une enfant qui tète le sein de son adorable maman. Avec la paix, Lao serait gaie comme l'élue de Là-Haut et de ses ancêtres pour dire à ses sœurs et frères, que rien n'est plus beau que le sourire d'un enfant qui va à l'école dans la quiétude, que la mère qui va au champ pour nourrir demain la marmaille, que le père qui à l'usine, au chantier agro-pastoral, au bureau, sur l'estrade au tableau noir gesticulant pour asseoir le savoir chez de studieux apprenants, en blouse blanche, stéthoscope aux oreilles et tensiomètre en main au chevet des malades, que l'architecte, l'ingénieur des ponts et chaussées, le mécanicien, le boulanger, le charpentier, le maçon, le laborantin, le journaliste, le routier, le bouvier, l'éboueur, le douanier, le commerçant, l'artisan, l'artiste, l'écrivain, etc. tous et chacun au service désintéressé de la communauté.

Si les mots de la poétesse sont parfois durs, crus, rudes et chocs pour certaines sensibilités fragiles, il faut comprendre l'étendue de sa juste colère devant la galère de ses compatriotes du fait de la mauvaise gestion politique du destin de son pays. Si les mots de l'écrivaine sont chagrins, amertume et tristesse, ils sont à mettre à l'actif d'un passif dévastateur de l'âme centrafricaine par ses fossoyeurs, broyeurs de tous les germes d'humanisme primesautier, héritage ancestral séculaire voire millénaire. Si les mots sont violents, c'est à la dimension des relents de l'admonestation qui envahissent son cœur outré par la cruauté et la barbarie des sbires de la soldatesque au service du pouvoir, mieux des pouvoirs léonins et inhumains qui se sont succédé, pillant sans vergogne le patrimoine centrafricain. Tous ces mots sont un lourd tribut des maux de guerres. Oui, le pluriel est ici requis au mot « guerre », car elles sont hélas nombreuses et interminables. Des intellectuels comme croient l'être tous ceux qui ont appris à lire et à écrire pour détruire ce qu'ils n'ont ni construit, ni en initié l'existence. Bandes de prédateurs, la gâchette facile et à fleur de peau, soudards, ivres de toutes les drogues inimaginables, ils volent, violent semant dans les champs de ruines, des grains de haine et de division du peuple naguère uni et solidaire. Le virus du rejet de l'autre qui n'est pas du clan, de la tribu, de la région, de la même religion gagne tout « le territoire » de l'esprit humain. Alors, tous…

« Ils ont longuement marché
Eux, les grands oubliés innommables
Ils ont usé leurs savates pendant des décennies !
Ils ont erré dans les décombres des échecs
Des solitudes, des tristesses, des destins fugaces
Tatoués des résidus de leur souffle
Qui ont échappé à l'horloge du temps
Dans les chaînes du désespoir…
Restés longtemps, très longtemps
Prisonniers dans l'abîme de l'exclusion (…) »

Seul langage en vogue, bien évidemment celui des armes qui ne font pas de quartiers dans les villes, villages et campements de la Centrafrique…

« Les armes gouvernent la Centrafrique
Vocifèrent à tue-tête, trucident le tympan,
Viol, pillage, torture, assassinat…
Rafales et coups de canon !
Détonation et déflagration
Des guitares macabres,
Incrustées de perles funéraires
S'épandent sur nos vies
Et les abrègent par dizaines,
Par centaines, par milliers…
De la cadence, du sang !
Des mitraillettes, des cadavres !
Des 12, 7, des bouillies de chairs !
Des grenades, des sépulcres déshonorés (…)

Quand on a entendu ceci, quand on a lu cela, quand dans sa tête résonne encore le bruit assourdissant des crépitements d'armes à feu et que des images de carnage et de corps déchiquetés refont surface, on peut comprendre que le poète en appelle au ressaisissement pour taire le chant funèbre des armes ci-devant désigné par euphémisme ***Berceau des armes***. Il est temps que tout le monde s'invite à « *commémorer les errements d'antan* » et que les larmes des uns et des autres forment un ruissellement qui « *aseptise tous ces corridors de souillure macabre* ».

Ainsi, Alexandrine Lao fait un appel de pied à l'autre, son frère, sa sœur, son compatriote surtout, l'égaré d'hier :

> *« Prête-moi tes pieds*
> *Pour qu'avec les miens, nous allions vers les autres*
> *En brisant toutes les barrières identitaires*
> *Et faire de la cohésion sociale, un crédo… »*

Et nous y voilà ! Le point d'orgue de ce bel hymne lyrique, ce chant patriotique, cette poésie liturgique. Femme de conviction comme un bon soldat du peuple au service duquel, il veille jour et nuit, sincère comme le sourire d'un nourrisson dans les bras de sa mère, courageuse comme une lionne défendant ses petits, intrépide comme une Amazone engagée à défendre la patrie devant l'ennemi, Alexandrine Lao est telle Aimé Césaire, Wole Soyinka, Chinua Achebe, Mongo Béti, Sony Labou Tansi, Yambo Ouologuem, Tierno Monenembo, Léon Gontron Damas, Ahmadou Kourouma, Bénicien Bouschedy, Peter Abraham à la fois, au féminin singulier, de rage explosive pour dire au monde son cri et sa révolte devant l'inhumanité des Hommes. Elle est dans le registre de la plume militante, ce qu'étaient Nadine Gordimer, Myriam Makeba, Néfertiti, Angela Davis, Kimpa Vita, Jeanne D'arc, Angela Merkel, Hilary Clinton, Margaret Tacher, Condoliza Rice, Winnie Mandela, respectivement en littérature, en musique, en politique et en art de guerre, engagées toutes à défendre la dignité humaine.

Des griffes, Lao les a sorties pour lacérer le dos des « fils » de loups et de hyènes carnivores qui se repaissent de la chair de leurs victimes innocentes.

Du feu de son verbe incendiaire, elle brûle tous les apatrides qui vendent leur pays aux multinationales pour se partager le butin des ressources naturelles de la nation centrafricaine.

Elle est une va-t'en guerre contre tous les renards, les cafards, les lézards, les têtards, les canards boiteux et les connards, tous prédateurs de la nation du peuple dépouillée de fond en comble.

Sa plume est une pertuisane et tout autant un bistouri pour aller toucher la mal centrafricain jusqu'à sa racine, l'extirper, panser la blessure subséquente à l'opération salutaire réalisée non sans y avoir appliqué le cicatrisant nécessaire et efficace pour que les mouches qui s'y posent, espérant la rendre incurable, ailes cassées d'infortune, s'en retournent, les yeux globuleux toute honte bue, vers d'autres charognes qui essaiment la planète terre.

Sa plume est un fil de fer pour attacher fermement le pli de la solidarité du peuple centrafricain, fragilisé par le désamour installé dans les cœurs des Centrafricains divisés par d'autres fils du pays, égoïstes et nombrilistes marginalisant leurs compatriotes sur des bases tribalo-claniques.

Sa plume est un tam-tam qui bat très fort pour qu'au loin s'entendent l'hymne national et sa devise qui peinent à franchir monts et vallées, plaines et coteaux des 623436 km2 du territoire national. Les lobes auditifs endommagés par les canons et obus meurtriers ont besoin du mercurochrome spirituel et d'un baume au cœur meurtri par l'angoisse des guerres à répétition pour ramener la paix, le pain et éloigner la faim en Centrafrique.

Du peuple indolent, la poétesse n'en veut point ; de la rancune tenace, que nenni ! De la haine viscérale, encore moins ; de l'aliénation culturelle non plus. C'est pourquoi, Alexandrine Lao se lève et dans une envolée lyrique autour du vers anaphorique *« Je ne veux point de ce peuple »* stigmatise le :

« Regard suspendu
A l'agonie du mensonge
Faisant l'éloge des frustrations » (...)
« (Le) cœur abritant l'amertume viciée
Expédiant les commandos de la mort
Tuer leurs frères, pour quelques grains de riz
Transformant la cité en holocauste » (...)

« (Les) lèvres stériles de sourire
Le regard ficelé avec la haine
Aliéné dans la médiocrité
Huant l'innocence de la vérité
Pour élire domicile chez le farniente
Souillant le trône du patriotisme
Travesti par une autre culture
Ignorant ses propres valeurs
Oublieux des chants des guerriers
La bouche pervertie d'insanités
Engloutissant la cité dans les ténèbres. »

Dépitée, elle se met tantôt dans la posture individuelle, personnalisée et persécutée dans la chair, tantôt elle se voit dans la République malmenée, pillée, spoliée dans ses nobles idéaux contenus dans sa devise : Unité-Dignité-Travail parodiée en Division-Inconscience-Vandale ; quand ce n'est pas dans cette Afrique hantée par les démons des guerres fratricides de ses filles et fils devenue une

« Immense terre de clanisme
De division
De haine
De médiocratie
De rébellion
De corruption
De destruction. »

Comme il faut bien que s'achève notre mise en bouche de ce gueuleton lyrique concocté par notre cordon bleu, Alexandrine Lao, passé le temps de la furie verbale contre les vautours politiques, politiciens de tout acabit, vient celui de détendre les nerfs de ses lecteurs pour *« cueillir les roses »* de la vie, avant celui du rêve magnifique tout en rimes chatoyantes comme nous les aimons :

« Rêve que chaque Centrafricain
Fera un pas vers son frère... Africain
Rêve que la calebasse trouée de méchanceté
Sera colmatée par la force de l'amour, de l'unité
Rêve que dans chaque famille, il y aura le sourire

Un ballet de tendresse contre la violence, la maudire
Rêve au bonheur des enfants en Centrafrique
Le même pour les enfants de toute l'Afrique
Rêve des maisons au lieu de taudis aux démunis
Fustigeant les injustices outrancières pour être mieux unis
Rêve de démantèlement des réseaux d'armes
*Pour la pacification de la planète sans armes »…*ni larmes.

Ne voilà-t-il pas là, la preuve par ce bouquet final, que la Centrafrique par sa tigresse lyrique, Alexandrine Lao, à l'instar de l'immense homme d'Etat français Alexandre Le Grand, entre dans la légende des Grandes plumes engagées au front des batailles pour la restauration de la dignité humaine ! Elle tend une main fraternelle au lecteur qui, espère-t-elle vivement, trouvera à son tour une autre main à tenir ferme cette chaîne de solidarité humaine que le groupe nominal **Identités fugaces** …agace comme une farce identitaire de mauvais goût.

Et que dire enfin de la langue de l'auteure, du vêtement esthétique qu'elle a choisi de faire porter au corps de son texte, le cortex lyrique pour prendre le langage anatomique des scientifiques où tout est nommé et bien nommé. Il faut dire que la poétesse nous a bluffés par l'aisance avec laquelle, elle choisit ses mots pour communiquer ses émotions dans un champ lexical aussi varié en espèces que les couleurs de grains de maïs issus d'un champ de cette graminacée en OGM.

Écrit en vers libres, **IDENTITES FUGACES** est un éventail poétique pour conspuer l'épouvantail existentiel dans une liberté de ton aux accents de plaidoirie. Et pour cause ! Elle est l'avocate des sans-voix, les laissés-pour-compte, les déshérités, les malheureuses victimes des guerres imbéciles, fratricides et meurtrières. Tantôt ponctué par des points d'exclamation et d'interrogation pour donner la mesure et l'énergie subséquentes à la teneur de son propos, tantôt, elle se meut d'un vers à l'autre sans signe de ponctuation jusqu'à marquer une pause transitionnelle par des points de suspension. Une manière de marquer combien elle aurait encore à dire sur le sujet avant de passer à un autre niveau de sa maison lyrique dont les étages semblent gravir le ciel des muses qui la courtisent allègrement.

Poésie du cœur et de la Raison raisonnante, ce livre est sans conteste un pavé dans la mare aux diablotins qui gigotent dans certaines anciennes républiques bananières au sud du Sahara qui n'ont pas encore compris que cette trompette d'Alexandrine LAO annonce la fin de la récréation à l'école du peuple souverain déterminé à réussir le pari démocratique de la gestion du pouvoir du peuple, par ses mandataires élus au suffrage universel.

Un beau rêve, somme toute qui émouvra après moi, je l'espère, le lecteur de ce bel évangile lyrique de Sainte Alexandrine… des belles lettres centrafricaines d'expression française.

Pierre Ntsemou

Écrivain et critique littéraire, Congo-Brazzaville

DITES-LE EN POÉSIE

Si ce que vous avez à dire
Est beau comme un poème,
Dites-le au-dessus des montagnes
Que votre voix porte en crescendo…

Si ce que vous avez à dire
Est acerbe comme l'amertume,
Veuillez garder silence.
Regardez le bleu du ciel,
Vous sauverez des vies…

PORTE DE MON ÂME

Grandement ouverte,
La porte n'a pas fermé
Les battants de son intimité.
La maison qu'elle protège
Partis les habitants,
En quête d'autres portes,
Chercher refuge
Au clair de lune ;
Délaissant leurs maisons…

Vite, vite, retournons les nattes
Vite, vite, attachons les balluchons…

Les sentiers sous les pas alertes,
Sourds, aux clameurs alentour
Des oiseaux chantants,
Des aveugles passants,
Ils ont hérité leur obscurité…

Passants qui passent !
Passants qui fuient !
Passants qui hurlent !
Ils n'auront point leurs héritages…

Vite, vite, pressons les pas
Vite, vite, stoppons les clameurs…

MÉDITATION

Je médite sur les terres centrafricaines entières
À leurs richesses immenses, qui attirent les vautours
Aux cultivateurs qui labourent les surfaces altières
Aux gisements, volés par les fossoyeurs troubadours

Je médite sur le peuple centrafricain, avili
Agissant sans une logique de patriotisme
Ignorant des richesses de leur pays nanti
Les laissant aux intrus avec humanisme

Je médite sur la jeunesse déglinguée
Versée dans la consommation des stupéfiants
Aucune émulation pour leur scolarité
Allant et venant dans les espaces déviants

Je médite sur le système sanitaire
Ou les hôpitaux, des mouroirs
Dans les blouses blanches austères
Des pharmacies ambulatoires

Je médite sur les limites frontalières
Un véritable marché hétéroclite
Ou le passage ne suscite aucune fièvre
Aux pèlerins véreux, cyclistes

TROUVER UNE PLACE

Trouver une place, pour s'asseoir
Écouter les gens bavarder, discuter
La parole, comme une arme
Est balancée au gré des humeurs…

Trouver une place, pour s'asseoir
Aux coins des rues, admirer la beauté
Ostentatoire de l'impécuniosité crasse
Où le peuple, famélique tend son obole…

Trouver une place pour s'asseoir
Même dans sa propre maison fissurée
Où l'indigence défie avec éloquence
Cette incapacité notoire de la requinquer…

Trouver une place pour s'asseoir
Dans une salle de classe pléthorique
L'enseignant tel un fou se démène
Les élèves entassés se divertissent…

Trouver une place, pour s'asseoir
Dans un asile psychiatrique
Où les déviances de la société
S'étalent avec commodité…

Trouver une place pour s'asseoir
Dans un confessionnal prude
Où les souvenirs des horreurs
Brûlent comme encens du purgatoire…

Trouver une place pour s'asseoir
Suivre la girouette des débats
Qui portent la marque d'un peuple
A s'offrir le calice de la réconciliation…

Trouver une place pour s'asseoir
Effacer de la mémoire accablée
Tous les souvenirs exécrables
De la perdition d'un peuple…

JOIE DE VIVRE

J'irais ici et partout, parée de gaité,
Enjoliver la cité murée dans la haine
Vous partager la joie de vivre…

J'irais d'une parcelle à une autre
Ôter toutes les chaines de désespoir
Qui enlisent vos pas à aller vers l'autre…

J'irai proclamer les virtuoses de l'unité
Dans le délabrement de vos opinions
Pour qu'une nouvelle cadence vous égaie…

J'irai faire un sarclage éléphantesque
Sur les étendues domaniales de vos cœurs
Et y inscrire le goût de l'abandon de soi…

J'irai enfin au bout de mon appartenance
Consolider toutes les valeurs bafouées
Qui ont altéré nos identités…

MIROIR

Fatiguée de vos regards haineux
Portés sur ma modeste personne
Les routes silencieuses
M'ont tenue compagnie…

De l'étoffe de l'arc-en-ciel,
Je me suis vêtue
De l'écorce de l'arbre
Ma peau est sculptée…

Toi qui n'oses plus me regarder !
Toi qui n'oses plus me critiquer !
Toi qui as peur de me haïr !
Toi le miroir cassé de ma vie !
Regarde de quoi je suis vêtue !
Admire la sculpture qui m'a hébergée !
Admire le génie de ton art !

AUBES DE L'ESPERANCE

Me voici, toute haletante,
Couverte de guenilles
Pour sarcler ton paysage,
Parsemé de cadavres
O Centrafrique, terre des ancêtres…

Me voici, tête haute
Les yeux fixant l'absurde de ton existence
Je ne veux point t'offrir des chants élégiaques,
Dans des coupoles sanguinolentes, non !
Je viens t'offrir la souveraineté de ta patrie…

Me voici, le corps paré d'or et de diamants,
Centrafrique, immense terre des ancêtres,
Longuement secoué de vandales récurrents
Nous voici, aux portes saccagées de ton domaine
Pour nettoyer ton parvis, naguère déshonoré…

Me voici, la tête pesante de tous les souvenirs,
Pour te hisser dans le pentacle de l'histoire.
Viens me chanter une autre mélodie, un autre refrain
Afin de broder mes lèvres acides au goût de larmes
Entonner des rythmiques aux aubes de l'espérance…

Me voici, ô Centrafrique, pinacle de richesses,
Voici ton peuple, habillé de couleurs gourmandes,
Fatigué de toujours porter le deuil des humiliations,
Pour te vêtir de toutes tes embellies virtuoses,
De t'éloigner des agapes monstrueuses des ténèbres…

Nous voici, chargés de paniers d'aube d'espérance,
Où la ferveur des chants d'unité, de ton peuple
Enterrera les brouhahas suicidaires des kalachnikovs…

RENAISSANCE

Chemin tortueux sur un lopin de terre
Existence dérisoire sur des monticules
Quelle vie est ma vie ?
Quel présent est le tien ?
Quel futur est le nôtre ?
Souvenirs hybrides de notre vécu

Les calendes disent que c'était
Voilà plus de mille jours inconnus
Où est la souche de notre histoire ?
Cavalcada beurk… cavalcada beurk
Ôtez les ronces qui jalonnent ce parcours
Dépliez les nattes abracadabrantes
Aux portes gothiques du souvenir
En gros caractères j'écrirai
La version véritable de ce qui a été

Oh ! Mon peuple
Amarré aux épitaphes moroses
Souffrant, efflanqué,
Avec ma plume érodée,
Je te ressusciterai

PAIX EN CENTRAFRIQUE

La paix viendra sur toi, ô Centrafrique,
Immense terre, où pousse l'herbe tendre.
La longue colonne de ton peuple souffrant,
Murmurant des élégies épouvantables,
Sera tapie dans nos cœurs, épris de pardon…

Bénie-sois-tu ô Centrafrique,
Pour qui, nous avions entonné des requiem
Lorsque ton soleil a verdi pendant des décennies,
Où mitraillettes et roquettes enlisent les joies familiales,
Plongeant la cité dans les carnavals aux hécatombes…

Cueille les mots-phrases de mes lèvres cyanosées !
Pardonne les ardeurs de ma folle espérance !
Aux urnes, le peuple t'a rendu souverain,
O Centrafrique, immense terre de paradis,
Renais de tes cendres, pour me rendre fière…

Debout, sur le parvis de la réconciliation,
Flotteraient les essences de parfums d'amour
Qui ressusciteront les cavités de nos yeux éteints
Par la haine, le mépris et la division
O Centrafrique, debout, immense terre d'espérance…

CARATS DE LA HONTE

Ne marche pas
Sur les prunelles de ma dignité
Ôtes tes pas exsangues
Des excaves de mon sanctuaire
Soustrais tes parades de ma présence…

Mes prunelles audacieuses
Cueillent de tes lèvres acides
Le déferlement des questions muettes
Enrobées de leurs versatilités
Soustrais ton mensonge de ma présence…

Tes pas pesant de toutes les infamies
Ton corps bardé de pustules nauséeux
Les yeux bégayant de l'hypocrisie
Les carats de la honte dilatent ton corps
Soustrais tes relents de ma présence…

Ton regard profond de l'abime
Ton cœur cramoisi de haine
Tes mains maculées de sang
Tes distractions dans les charniers
Soustrais ton linceul de ma présence…

CITOYENNETÉ

Si vos yeux sont encore perspicaces
Discernez le bien du mal
Soyez les justiciers des sans-voix
Ramez contre l'arbitraire
Clamez fort le droit
L'équité bercera vos nuits…

Si vos oreilles sont encore inaltérées
Écoutez la sérénade
De monsieur Fourmi à dame Fourmi
Le travail rien que le travail
Débarrassez-vous des frustrations
Enlevez les orties sur vos chemins…

Si vos pieds sont encore solides
Empruntez tous sentiers âpres de la vie
Foulez le sol brûlant de mars
Défiez la broussaille du mois d'août
Arpentez fièrement les dédales
Jusqu'aux gloires du mérite…

Si voûtés ne sont pas vos dos
Portez sans jérémiades
Le fardeau de l'injustice
Ses gerçures
Réveilleront les consciences
Aux bonnes œuvres du futur…

Si agiles sont vos doigts
Apprenez à vous servir des dix
Touchez à tout, tout vous aidera
Pincez poussez ficelez raccommodez
Vous serez des maîtres…

Un œil caché vous verra à l'œuvre !
Une bouche cachée parlera de vous !
Une oreille cachée écoutera votre histoire !
Un pied caché viendra vous chercher !
Un bras caché vous donnera la main !
Une porte cachée s'ouvrira devant vous !

OÙ EST LA VÉRITÉ

Ne me traitez pas de folle,
Vous, peuple de ce pays nanti,
Qui jubilez pour sa destruction.
Debout, voyant vos loufoqueries,
J'interroge les flammes de la vérité…

Je ne suis pas une folle !
Je ne suis pas une impie !
Je ne suis pas une déviante !
Je suis une fille de ce pays !
Ce beau pays, tapi au cœur de nos envies…
J'irai partout la chercher, cette vérité,
Enfouie dans les méandres de nos animosités.
J'irai partout la cueillir, cette vérité,
Qui brule nos lèvres sclérosées de mensonge…

Je dirai à la savane, parle !
Au fleuve Oubangui, dis-moi tout !
Aux forêts en agapes, je suis d'ici !
Aux gisements d'or, parez-moi de bijoux !

J'irai par les bois,
J'irai par les routes silencieuses de midi ;
Avec ma plume qui dessinera des arabesques…
Sur tous les sentiers abrupts d'amers souvenirs…

J'irai dans vos maisons,
Cueillir des miettes d'hospitalité
J'irai dans nos cimetières,
Mendier l'aumône de la vérité…
Ne me traitez pas de fouineuse,
Vous, peuple de ce pays nanti,
Qui jubilez pour sa déliquescence.
Tête haute, je vous nargue,
Pour vos bêtises de destruction…

J'irai visiter les pénates scolaires,
Pour jauger le niveau de l'instruction !
J'irai dans les sanctuaires de morbidités,
Pour leur communiquer ma chaleur !
J'irai du nord au sud, de l'est à l'ouest,
Recenser les facondes de nos 623.436 km2…

J'irai par les montagnes boiseux,
J'irai par les forêts en galerie,
J'irai par les plaines,
Sans parler à l'inconnu, au visage absent,
Qui se repose à l'ombre de ces oasis…

J'irai aussi, sur les sentiers des souvenirs,
Visiter les innombrables stèles, déposées ici et là
En mémoire de multiples cadavres inconnus,
Gisant sur les parterres de nos rancœurs…

J'irai aussi, questionner les annales de l'histoire,
Eparpillées dans les méandres de nos hostilités,
Afin de m'unir aux complaintes des femmes violentées,
Qui ont déchiré l'obscurité vénale du rogatoire …

J'irai, oui j'irai d'une région à une autre,
D'un village à un autre
D'une civilisation à une autre
Pour cueillir la parole de vérité sur vos lèvres…

Ne me traitez pas de sale,
Vous, peuple de ce pays nanti,
Qui détruisez ses valeurs nobles,
Me laissant, endeuillée dans les vallées,
Les épines de la vérité, me brûlant les lèvres…

Je ne suis pas une fille sale !
Vos grenouillages m'ont vêtue de guenilles !
Dans cette fierté cagneuse, je me tiens debout !
Bouche ouverte, lèvres ourlées de vérité !
Ma présence, un dérangement insolite !

Venez sur les plaines, serties de vos sensibilités,
Avec toutes vos calebasses trouées de méchanceté !
Venez, vous tous avec vos bagages horripilants,
Qui ont creusé des entailles sur notre drapeau,
Pour laver ces souillures qui infestent le pays…

Venez au bord de l'Oubangui, vêtus de vos horreurs,
Pour être lavé à grande eau et être purifié.
Venez sans honte, vous incliner sur les hectares
Des ossements de ces victimes innocentes de vos errements
politiques !
Venez sans tricher, vous convertir aux soleils de la noblesse…

Venez avec vos difformités, causées par les flots de péchés,
Qui ont noyé tout un peuple dans le déluge des mensonges.
Venez avec vos marmites aux incantations funestes,
Pour les briser dans le cercle de l'unité
Venez, avec vos paroles, pour nous rassasier de vérité…

Elle est ici au milieu de nous, cette vérité
Longtemps assujettie aux flux et reflux des conflits puérils,
Pour molester la conscience du peuple épris de pardon.
Venez, demander pardon pour vous inscrire
Aux versos des annales de l'humanisation…

QUELLE COULEUR

Quelle sera la couleur ?
L'autre couleur que nous dessinerions
Tous ensemble…
Dans les creux innocents de la terre
Témoin des résidus de nos ombilics …

La couleur, l'autre couleur
La voulons- nous noire ? Blanche ? Rouge ?
Cachant les ténèbres de nos vécus délétères ?
Comment la voulez-vous donc cette couleur ?

C'est possible une paix dans nos cœurs…
Malgré le sourire séché dans les gosiers
La frayeur comprimée dans les entrailles
Des lendemains suspendus au perchoir
Épluchant les larves de la famine opulente…

Comment la voulons-nous donc cette couleur ?
Fièrement je m'en irai, soulevant la poussière,
Balançant ma lance stylo au-dessus de vos carnages…

Je m'en irai… pas en fuyant vos iniquités
Mais ameutant mon peuple
La guerre, cette répugnance
De construire la paix dans nos cités
Encenser nos cœurs encore fragiles…
Rasons nos têtes débordantes de souvenirs
Les teindre de couleur arc-en-ciel
Pour ramasser les couleurs de la paix, la liberté…

Ma poésie se veut, distribuer le sourire
Redessiner les visages sans amers souvenirs
Illuminés de couleurs gourmandes
De rimes ensoleillées

Sur la bannière décolorée
De notre unité calcinée
Par les feux de la haine …

Chantez dansez sautez criez de joie
Avec la cadence immuable de ma poésie
Ne vous lamentez point cher peuple
Que votre dynamisme ne fléchisse point
Étalez vos nattes partout pour tresser
Les fibres de ma poésie avec délicatesse
Afin que le vent de la haine ne les dispersasse point…

Faites des digues pour empêcher
Cette pluie de malheur de noyer notre drapeau
De décapiter notre unité
Renchérit par la langue nationale sango
De dégurgiter le venin de la division inoculé…
Étalez les verves de ma poésie
Sur les places publiques
Ne vendez pas son orthographe
Au possesseur de l'or …
Ne soldez pas ses rimes coriaces
Sur les marchés hebdomadaires…
Ramez au dos de ses lettres cramées
À force de réclamer justice…
Dansez au rythme de ses syllabes
pour ravir notre conscience entravée
afin de ranimer les cendres de l'unité calcinée…
Mon pays a connu l'opprobre de la guerre
Mon corps porte encore les stigmates
Mais sur ma langue, danse la cadence de l'unité…

CANTIQUE

Centrafrique,
De différentes manières,
Tu interpelles ton peuple
Au sens du patriotisme,
Hélas, un creuset vous sépare…

Centrafrique,
Oasis de paix, de souveraineté,
Dans la chair de tes splendeurs irréelles,
S'échappent les murmures de tes virtualités,
Qui se déploie sur les lèvres en mélodie…

Chante cantique de l'Ombella M'poko !
Chante berceuse de la Lobaye !
Murmure rythmique de la Nana-Mambéré !
Vibre aussi mélodie de la Mambéré-Kadéï !
Siffle cadence de la Sangha-Mbaéré !
Danse Ngaragué indomptable de l'Ouham !
Extasie-toi balafon de l'Ouham-Péndé !
Hurle chasseur invétéré de la Nana-Gribizi !
Monte clameur immodérée de la Ouaka !
Vibre mélopée acoustique de la Kémo !
Fredonne cymbale de la Haute-Kotto !
Entonne des chants guitare de la Basse-Kotto !
Sonne cithare de Mbomou !
Joue la flute, guerrier du Haut-Mbomou !
Enivre-nous de gaité cymbale de la Vakaga…

LA PAIX

Regardez-vous !
Médaillés de l'opprobre !
La blancheur innocente de vos mains
Macule la cité de filament écarlate
Vos yeux candides jettent
Des éclairs de haine
Vous, talentueux tueurs fossoyeurs
À gâchette facile pan pan poum poum …

Merci pour votre servitude assoiffée
De sang, de viscères, des holocaustes…
J'irai, il ira, nous irons
Là où vous nous envoyez
Faire commissions à Dieu…
À vous préparer aussi d'autres linceuls
Plus propres que le nôtre
Plus doux que le nôtre…

Mais n'oubliez surtout pas de faire
La somme de vos innocentes douilles
Maculées de nos déchets écarlates…
Assez ! De la guerre nous ne voulons point
Nos mains recolorent la paix
Dans nos consciences étriquées
Nous inscrivons la paix
Dans les trous des kalachnikovs
Nous décorons la paix
Dans nos lits rassasiés de cauchemars…

Assez ! Je dis bien assez !
De la guerre, nous avons assez payé le prix
Sur les sépulcres de la femme enceinte
Enfouie dans sa demeure argileuse
Collée à sa progéniture immature : la Paix

Ministre fut-il demain élaborant les lois
Ingénieur fut-il réparant l'autre couleur
Des agonies des indépendances : la Paix …

Nous voulons la paix
Colorons les épitaphes aux couleurs de la paix
Sur les fosses communes des camarades couchés
Sans identité légalisée : la Paix
Affichons des banderoles slogan de paix
Au chevet des agonisants troués de balles : la Paix
Écrivons des messages sensibilisants de paix
Le long des avenues naguère ensanglantées : la Paix
Ranimons nos consciences anesthésiées
Sur la bannière décolorée de notre unité calcinée
Par les feux de la haine : la Paix …

Nous voulons la paix
La paix la paix la paix
Rien que la paix
Pour border nos nuits de quiétude…

LE VERBE

Je veux prendre possession du verbe
Le mater avec précision avec ma plume
Au lieu de cisailler des corps aux gerbes
Et noyer leurs cris dans l'enclume…

Je veux prendre possession du verbe
Dénoncer ce qu'il y a eu depuis la nuit des temps,
Où l'homme a souffert de toutes les calamités
A cause de toutes ces hordes de forcenés…

Je veux prendre possession du verbe
Publier dans toutes les annales qui feront l'histoire
Les exécrables envies de pouvoir, qui ont noyé un peuple
Pour les démystifier de ces loufoqueries maladives …

Je veux prendre possession du verbe
Inviter toutes les familles culturelles
A le choisir avec parcimonie
Régenter la vie dans les cités…

Je veux prendre possession du verbe
Le choisir avec éloquence et finesse
Pour décorer toutes les stèles évaporées
Dans les cloisons de nos souvenirs…

ENVOLÉE

Je bâtirai une maison
Sur ma conscience
Viderai mon encéphale
Sur la braise
Un festin de roi
Sans arômes
Ni condiments
La table, je la dresserai
En présence des convives
………………………………………………
Nos retrouvailles sont lourds d'histoires
Je me vois dans vos souffrances
Mon cœur saigne pour nos larmes
Ma réticence envolée
Dans le miroir de nos blessures
Accumulées par nos malentendus puérils
J'affronte les souvenirs pour nous unir
Je dompte la peur dans mon affection
Je condamne la violence dans ma compassion
………………………………………………
Envolons-nous ensemble au-dessus des barrières
Affrontons les chaines de souvenirs pour guérir
………………………………………………
Pour guérir de nos blessures
………………………………………………

REFUSE

S'enfonce inopinément dans la glaise,
Le spectre ahurissant de ces calvaires.
La cité, en émoi de la peur ordinaire

Plus de couleurs en pavoisons.
De la grisâtre, ils sont tous vêtus ;
Faisant de l'arc-en-ciel un inconnu

Tête baissée, regard absent,
Peau embellie à la cendre
Leur deuil durera longtemps

Le deuil, exil du bonheur dans le corps
Des corps, rongés par l'érosion de haine ;
Par des âmes manipulatrices au désaccord

Refuse cette douleur
Enfantée par la damnation de la haine
Pour happer ta bienséance emblème
Refuse cette haine viciée
Dissimulée dans ta conscience débridée
Pour vêtir ta mélancolie grivoise

Refuse cette terre noyée
Dans la vomissure de son sang
Pour ensevelir ses enfants

Refuse refuse refuse
Cette médiocratie médusée,
Acharnée à abriter la déliquescence

Refuse cette démocratie ensanglantée
Aux urnes ramées par les kalachnikovs
Où les scrutins, acclamés sur des cadavres

Refuse les diamants de sang de la guerre
Jetés sur le parvis de la conscience
Pour engendrer le génocide

Refuse la paternité éhontée du clanisme
Grappillant outrancièrement les élites
Où les grades s'arrogent au clientélisme

Refuse refuse refuse refuse
Oh cher peuple, mon peuple
De les prendre comme muses

AFRIQUE MON AFRIQUE

Afrique mon Afrique
Perchée sur tes béquilles effritées
Tes virtualités invisibles à ton regard
Tu offres avec galanterie éhontée
Des putréfactions à ton peuple …

Femme rachitique dans un manoir
Le voile de ta pudeur en lambeaux,
Exhibe ta nudité, massacrée aux enchères
Par des rapaces incongrues,
Te dépouillant de ton esquille…

Les chants de détresse accentués
De tes joyaux, affectent les cœurs
Un silence lourd déchire les tamtams…

Aux souvenances d'antan,
Témoin tu as été au 15ème siècle
De l'avilissement de ton peuple
Qui pour d'autres peuples a perdu son identité
Oh Afrique mon Afrique…

Au 21ème siècle, Afrique mon Afrique
Tu portes ta destinée en bandoulière
De tes entrailles jaillissent du fiel
Que ton peuple, famélique, ingurgite
Avec une gloutonnerie exécrable…

Oh Afrique mon Afrique
Tes parures princières noircies de larmes
Martèlent des supplications inaudibles
Dans une indignité désastreuse
Déstabilisant la course du temps …

Afrique mon Afrique
Tu as fait le lit de la douleur et de l'injustice
Leurs étoffes pesant d'amertume
Étouffent les espoirs horripilants
Quand finira le deuil de l'errance de ton peuple ?

DEGUEUL

S'élève alors dans les senteurs verglacées
Les fétides osmoses de mon vomi
Mille siècles de morbidité, où j'alite le coma
Et les démons, fidèles à la reconversion pullulent…

Frayer un chemin, au milieu des dégueuls
Parfumer les narines de ces rémittents
Partout des clameurs de parades furibondes
Demain, d'autres soleils écriront ces versets…

Les granulés innocents de la matrice des aïeuls
Proclament l'innovation de la maturité
Au loin, la ronde des dégueuls s'amplifie
Les poumons estropiés de flatulence s'éteignent…

Tous les organes en communion lâchent prise
Le silence cadavérique entonne un cantique
Un cantique pour l'avènement des linceuls
Dégueul dégueul dégueulasse…

ERRANCE INACHEVEE

Un long tunnel de désespoir
S'érige pour le bas peuple
Épineux, caverneux, malencontreux…
Le slogan de la désolation innommable,
Bourdonne sur le périmètre abrupt
De leurs chairs spoliées…

Leurs pas abruptement initiés au folklore
De la dégénérescence trébuchent vaille que vaille…
Ils reprennent leur marche la marche leur marche …
Cette marche singulière vers l'inconnu…
Que d'essoufflements!

Leurs pas claudiquaient vers le néant …
Qui sont-ils réellement ?
Du bout de leurs lèvres hachurées,
Des questions corrosives,
Formant des cocons de silence déchirant…

Seuls, les oiseaux chantaient,
Au rythme de la cadence du silence
L'écho de leur supplique
Ensevelissait les résonances alentour…

Le bruit du silence s'appesantit sur leurs têtes.
Son visage empreint de mélancolie inébranlable
Asphyxie leur ascension…
Le martèlement de sa voix
Ravive leur conscience…

Qui sommes- nous ?
Où est notre place ?
Quel est le sens de notre vie ?
Comment se définit notre futur ?
Quelle recrudescence pour notre avenir ?

Le chagrin du silence leur répond !
La morosité de l'injustice les tenaille !
L'amalgame de la douleur les déchire !
L'univers des souvenirs les martèle !
Le quotient des écœurements les ensevelis !

Ils ont longuement erré
À la quête de décharges
Pour regorger les miettes restes…
Où sont les restes?
Les restes les restes les restes...
Les dépotoirs nationaux sont vides
Mangés récurés retournés…

Le peuple n'a rien, rien, rien,
Que de miettes mourantes…
Ils reprennent leur marche
La marche, leur marche,
La marche à la quête des détritus
La marche de la fausse résistance…

Ils ont longuement marché !
Eux, les grands oubliés innommables.
Ils ont usé leurs savates pendant des décennies !
Ils ont erré dans les décombres des échecs
Des solitudes, des tristesses, des destins fugaces
Tatoués des résidus de leur souffle
Qui ont échappé à l'horloge du temps
Dans les chaînes du désespoir…

Restés longtemps, très longtemps
Prisonniers dans l'abîme de l'exclusion
La colonne de leurs yeux, blafard au prélude du jour
Interroge l'humanité absente…

SOLITUDE DEVASTÉE

Un nouveau soleil
Un nouveau jour
Je marcherai, toute silencieuse
Sur les brisures des nostalgies
Secouant mon pagne déteint de cauchemars
Sur les sentiers rudes des souvenirs…

Je maquillerai mon visage laminé
De débris de folles espérances
Je tiendrai les mains de tous les inconnus
Pour guérir de cette solitude dévastée…

Je conjuguerai le sourire au présent
Toujours et partout pour tous.
Dans les coins de rues, je mettrai
Des vases embellies de guirlandes
Pour fêter encore et encore
Les souvenirs de nos chers disparus…

SOUPIRS

Prête-moi ta pensée
Pour la creuser et répandre la sève
Ensemble avec la mienne
Sur les boulevards endeuillés de soupirs…

Prête-moi tes yeux
Pour admirer avec les miens
Toute l'étendue du désastre humain
Que la folie de nos cœurs a engendré…

Prête-moi tes bras
Pour porter ensemble avec les miens
Tous les fardeaux venimeux longeant
Les périmètres de nos sanctuaires dévastés…

Prête-moi tes oreilles,
Pour que nous écoutions ensemble
Les suppliques inaudibles
Qui déchirent le silence austère de nos indifférences…

Prête-moi ta plume
Pour que j'écrivasse les initiales
De tous les dénominateurs machiavéliques
Qui nous ont propulsés dans le chaos…

Prête-moi tes souvenirs
Les exposer le long des avenues désertées
Ensemble avec tous les nôtres
Pour commémorer nos errements d'antan…

Prête-moi tes larmes
Pour que leur ruissellement avec les miens
Aseptisent tous ces corridors
Dépravés de souillures macabres…

Prête-moi tes pieds,
Pour qu'avec les miens, nous allions vers les autres
En brisant toutes les barrières identitaires
Et faire de la cohésion sociale, un crédo…

Prête-moi ton sourire
Pour réparer les mélancolies roides
Qui ont terni nos visages
Et les illuminer de gaité plurielle…

Prête-moi ta voix
Pour qu'ensemble, nous chantions
L'hymne à l'humanisation
Pour bercer les consciences anesthésiées…

BERCEAU DES ARMES

De petits culs aux gros culs,
Les armes gouvernent la Centrafrique,
Vocifèrent à tue-tête, trucident le tympan ;
Viol, pillage, torture, assassinat…

Rafales et coup de canon !
Détonation et déflagration !
Les guitares macabres,
Incrustées de perles funéraires,
S'épandent sur nos vies
Et les abrogent par dizaine,
Par centaine, par milliers…

De la cadence, du sang !
Des mitraillettes, des cadavres !
Des 12,7, des bouillies de chairs !
Des grenades, des sépulcres déshonorés !

Accablements des êtres !
Fragments de souvenirs !
Avilissement de l'existence !
Torrents de pleurs !
Torrents de larmes !
Torrents de désastre !
Paroxysme de l'anéantissement !

Les relents des cadavres
Empestent à la ronde.
L'horreur a porté sa tenue de noces écarlates…

Multitude ascension de cauchemars !
Couloir interminable de désespoir !
Entrave éhontée à la liberté !

Au quotidien, nous célébrons
L'amertume, la désolation, les larmes
Des larmes, beaucoup de larmes ;
Des métrages incommensurables.
Toujours des larmes…
Des tonnelets assoiffés en revendiquent !
Nous leur donnons :
En décalitres !
En hectolitres !
En tonne de litres !

Vidés de nos liquides lacrymaux,
Les yeux hagards,
Notre errance s'achève
Dans les allées des sépultures
Où les milliers de noms nécrologiques,
Amarrés aux épitaphes,
Interpellent notre conscience
De tueur en série
À la contrition nationale…

AVEUX

Une clameur soudaine happée par le vent
Le tourbillon des aveux siffle en beauté
La colline assise sur un rocher ardent
Murmure une symphonie avec volupté

Des chapelets de noms cités sur les vestiges
Ramés encensés aux confins des errances
De la cime douillette habillée de prestige
Taire les orgueils demander l'indulgence

Un calepin accusateur trône sur la boussole
Accouchez les débris de vos culpabilités
Écumez de joie pour vos innocentes lignées
Le temps est en train de ranger sa carrosse

Les langues balbutiantes d'effroi
Engendrent la honte dans leur faconde
Parlez chantez vos désespoirs
Ils échoueront dans la clémence féconde

RUMEUR

Le mensonge vêtu de ses versatilités
Assiège les places publiques de quolibets
La vérité tapie dans les verts feuillages
Rebrode la tenue des astres endormis

Ô quolibets des amalgames endurcis
Déchaussant les sentiers de leurs sandales
Les bouches sensuelles de leurs saveurs
Les tables dressées de leurs convives

Le soleil drapé de ses armadas
Écume dans son laurier ses soupirants
La lune dénudée s'exhibe dans le ciel étoilé
Tes ardeurs accouchent la rumeur féconde

Les fiançailles rompues dans tes profondeurs
Les larmes innocentes troueront ton image
Ô mensonge, quolibets des amalgames
Les lèvres ourlées épouseront la vérité

SOMMEIL ÉLOQUENT

Vers quelle destination finira mon sommeil
Ce sommeil si lourd si innocent
Imbu d'éloquence et d'arrogance
Qui s'éloigne de vos désespoirs affables…

Vers quelle agape finiront mes restes blanchis
Outrés, malmenés et entassés
Dans les profondeurs insondables…

Vers quelle justice se tiendront
Mes culpabilités rutilantes
Et les dérivés ostentatoires de mon vécu…

Leste comme une gaité coupable
Je m'envolerai très haut
Au-dessus de toutes vos envies dérisoires
Je butinerai la vérité sur le toit de vos doutes mesquins

Je partirai léger, très fière de vous avoir connus
Vous qui ne m'aviez jamais portée dans vos cœurs
Vous qui m'aviez haïe sur les chemins clos du désamour
Vous pleurerez de douleur plus que les autres…

Alexandrine LAO

CENDRES AMERES

Je fermerai les battants de mes yeux,
Périmés des déluges inopinés du mal
Aux raclées versatiles, me noircir la vue…

J'irai pieds nus, sur les cendres amères
De la géhenne des patriotes martyrs,
Humectant leurs inépuisables reliques …

Je porterai un voile, aux motifs vermeils
Sur ma tête portée par un corps inconnu,
Qui traverse les restes des lendemains…

Je traverserai des jours inconnus,
Rassasiés des versos de notre histoire
Hissée au sommet des étincelles de la vérité…

Je ne retiendrai point mes larmes innocentes,
Violées par la cruauté des réminiscences,
Enlever les résidus de mon corps offense…

Je pleurerai le temps de nos douleurs,
Ensevelies avec nos millions de morts
Dans les méandres de nos peurs…

J'attendrai que le soleil de midi
Transperce la lisière de mon voile,
Pour exposer mon visage atone…

Je fixerai l'inconnu avec toute ma rage.
Sur mes frêles épaules, le poids du passé
Coulera l'étang de sang à vos pieds…

Réveillez-vous ! Réveillez-vous cher peuple
C'était le temps d'un songe macabre
C'était le temps d'un mépris outrage
…………………………………………………

Le périmètre de nos têtes vêt de bandeaux ;
L'avalanche de nos bras, décime leur pouvoir.
Proclamons la fin de notre innocence,
Sur le couronnement de leur violence,
Bardé par leur odeur de sainteté…

PARCELLES

Aux abords de l'obscurité des nuits innocentes
Mon peuple ameuté dans des parcelles infécondes
Fouille des entrailles de la terre, sa mémoire
Avec une dague illusoire amarrée à son histoire

Les sentiers dénués de présence familière
Épousent des piquants tonitruants alentour
La mémoire ensevelie de cauchemars
S'exile des grandes dates commémoratives

Mémoire bradée aux abords de la démocratie étouffante
Nos consciences exsangues au seuil de la parade mordante
Célèbrent avec galanterie royale la fière outrecuidance
… de défricher des parcelles pour nos descendances

Aux aurores incertaines, le coq appela le matin et le soleil
À l'orée de notre mémoire, le vent psalmodie les réminiscences
Qu'avons-nous fait du bleu blanc vert jaune rouge ?
Qui abrite l'unité la dignité le travail ?
Qui a dépouillé nos consciences de ses cinq verbes ?

Nous… nous ne serons plus sur vos parcelles infécondes

VENEZ REGARDER

Venez regarder l'ampleur des désastres
Accumulés avec brio en ce monde
Où l'homme, transgresse les astres
Avec une acuité hyper immonde…

Venez regarder l'aridité des relations
L'élasticité de l'hypocrisie courtise
La sainteté de l'orgueil est une affliction
Et l'éclat des calomnies une bêtise…

Venez regarder, nos cœurs désertiques
Insensibles à tous les cris de détresse
L'unité devenue une sensibilité caduque
Nos compagnies ne sont que tristesse…

Venez regarder, le patriotisme abhorré
Les valeurs ont suspendu leurs soieries
Les pacotilles, hissées au sommet doré
Veulent des places dans les penderies…

Venez regarder, toutes vos défaites
Innommables et ostentatoires
Qui pullulent dans les lieux de fête
Agrippant nos identités au foutoir…

CORRIDORS SANGLANTS

Vint un autre matin
Tapi au creux de l'incertitude
De ce frisquet mois de décembre…

Les ventouses de la dégénérescence
Chargées de leurs bagages horripilant
Sèment des hectares de désolation…
Un matin de décembre…

Une brisure cauchemardesque
Encense douleur, malheur,
Les étoffes de la haine en lambeaux
Déferlent sur l'agglomérat des mustangs,
Plongeant la cité dans les ténèbres.
Une horde en débandade fébrile,
Dans une détresse innommable …

C'est l'an six zéro pile
Les sons des tam-tams,
L'ivresse des veillées au clair de lune,
Se sont tus toulouchouloulou.
Les lèvres ont troqué leur beau sourire
À des chuchotements interminables
Le temps a rangé sa carrosse…

La lune n'a pas fait sa toilette
Elle suspend sa beauté
À mi-chemin sur les désolations
Le mal a porté sa tenue de fête
Une longue robe, en capuche vermeil
Agrémentée de machettes douillettes
Aux jolies perles argentées de mitraillettes…

Des berceuses en rafales !
Ô morts de la cité enlaidie
Couchés affamés sur les corridors
Absorbant le silence des grondements
Vos regards soumis scrutant le néant
Vous, silencieux effroyables de l'obsolescence
Je vous vénère dans cette déliquescence…

Les perles damnées éclaboussent, écartèlent
En une cadence bouleversante de délires
Ici, des chairs rabougries de douilles
À côté, des bouches habillées de mousseline écarlate
Là-bas, des corps secoués de douleurs inexprimées
Je vous vénère dans ces périls … démesurés…

Le soleil libère ses dards, lacérées les douleurs
Les tableaux familiaux, se dispersèrent en éclat
Dans une jolie farandole sertie aux hécatombes…

Plusieurs abris immolés par la cadence de feu
S'installe, padoum poudoum la marche de l'errance
De vadrouille démesurée… du désespoir…

Les talons étuvés épousent sous les corps
Des roulettes de cavale tourmentée
Les sentiers ivres s'étendent à des milles…

La déchéance expédie ses démons
La glaise engloutit les vies humaines
Les familles ne finissent pas leurs deuils…

LA ROUTE

Route qui tangue à droite,
Route qui tangue à gauche,
Route à l'ossature sinueuse…

Un pur plaisir, de compter les nœuds
Tous les nœuds alambiqués de ton domaine
Qui fustigent les consciences roides …

Route houleuse
Route boudeuse
Route frileuse…

Sur des crêtes de vanité
Tu es assise avec légèreté
Le pan de ton voile, une faucheuse…

Quelle route emprunter alors ?
Elle qui tangue à droite
Elle qui tangue à gauche…

Route aux destinations inconnues
Route de toutes les équations
Où les additions des problèmes
Excitent des multiplications congrues…

TOURMENTS

Le son de ta voix, noyé dans les ilots du mépris
Tu portes ta dignité, dans le silence de l'humiliation
Au seuil de la laideur éclatante de ce monde ;
Interrogeant l'innocence obscure de l'existence
La réponse ne te fut pas donnée… hélas…

Silencieux, isolé dans l'océan des tourments,
Le regard hagard, la flemme en flamme
Tu renonças à ta propre personne
Au mépris de ta liberté, mon peuple
Jetée en pâture dans la géhenne…

Condamné, aux vicissitudes outragées
Toujours stoïques aux maux innommables
Tu t'habilles de tes frustrations avec courage
Peuple de bravoure, écoute cette chanson !

Ton regard absent de sensibilité
Peuple abandonné, dans un pays qui est le tien
Tapi dans une écuelle clanique miséreuse
Peuple déterminé, regarde ta patrie…

À ce monde absent de chaleur,
Tu n'eusses point montré les érafles,
Dans ton dos, la misère a maculé
Ni les outrages dérobant ta dignité
Peuple de dignité, regarde ce soleil…

Les injustices non censurées
Parées de leur avidité idoine
Famélique tu es, furetant sur les dépotoirs
Ta pitance disputée avec les chiens
Peuple affamé, regarde ces champs…

La déliquescence au summum de sa gloire
Te pousse à t'exiler sur une terre sans nom
Rejetant la floraison de ton identité
Pour mériter une autre survie défectueuse
Peuple réfugié, reprend ton identité …

TOURNER LA PAGE

Un deux
Un deux
La roue tourne
Les avis changent
Les données optent pour une variation…

Il est temps de régler les pendules
De s'orienter dans la continuité de l'inconnu
Palper les résidus obsolètes, assidus
Renommer toutes ces turpitudes…

Centimètre par centimètre,
Millimètre par millimètre
Corriger les tracées ubuesques
De toutes nos géométries humaines…

L'intensité de la magnanimité
Une voie légitime de grande croisade
Rompre avec tous ces démons motivés
Seuls les légionnaires de l'amour sont salués…

Alexandrine LAO

LE GRAIN DE MIL

Appuyé sur son bâton, le dos courbé
Par le poids de l'âge, de l'expérience
L'homme à la chéchia blanche médite
Sous un ciel étoilé drapé de pesanteur

Vint une aube prochaine
A sa progéniture il dit :
Je sais que la bravoure s'est enfuie
Cédant le trône à l'apathie
Le temps a fait son travail
Mais la bataille n'est pas gagnée
Il me reste un grain de mil
Dans la besace à vous donner
Faites-en bon usage

Le monde ci appartient aux travailleurs
Faites une somme après vos activités
Mais qu'elle ne devienne point une passion

Reposez-vous un peu et travaillez beaucoup
Ne soyez jamais en conflit avec les autres
Ceci affectera la qualité de vos productions

Soyez des indulgents
Soyez des conciliants
Soyez des philanthropes
Soyez des intègres
Le pays en profitera…

Ce minuscule grain fera de vous des hommes
Je vous le donne aujourd'hui
Afin que demain ne l'engloutisse point

DEUIL INNOCENT

Je ne veux point de ce peuple
Au regard suspendu
À l'agonie du mensonge
Faisant l'éloge des frustrations
S'esclaffant en présence du deuil innocent…

Je ne veux point de ce peuple
Au cœur abritant l'amertume viciée
Expédiant les commandos de la mort,
Tuer leurs frères, pour quelques grains de riz
Transformant la cité en holocauste…

Je ne veux point de ce peuple
Aux lèvres stériles de sourire
Le regard ficelé avec la haine,
Évidé leur visage de lésions,
Leurs mains aux gerbes de sang …

Je ne veux point de ce peuple
Aliéné dans la médiocrité
Huant l'innocence de la vérité
Pour élire domicile chez la farniente
Souillant le trône du patriotisme…

Je ne veux point de ce peuple
Travesti par une autre culture
Ignorant ses propres valeurs
Au quotidien célébré de tourments
Des lendemains massacrés…

Je ne veux point de ce peuple
Oublieux des chants des griots
La bouche pervertie des insanités
Engloutissant la cité dans les ténèbres
Pour offenser la marche du temps…

CHOCONA

Qui suis-je ?
Qui suis-je alors?
Pour condamner les sévices légitimes,
D'un peuple, bafoué aux aurores de la création…

Qui suis-je ?
Qui suis-je alors?
Pour verser des larmes de désolation outrée
Sur ce festin de deuil, aux agapes des fossoyeurs…

Qui suis-je ?
Qui suis-je alors?
Pour outrepasser les lois intangibles
Cousues de fils blancs, de leurs sanctuaires…

Qui suis-je ?
Qui suis-je alors?
Pour rire de leur hégémonie,
Couronnée de fierté cagneuse…

Qui suis-je ?
Qui suis-je alors?
Pour mobiliser les consciences à huer
La splendeur de leur cacophonie…

Qui suis-je ?
Qui suis-je alors?
Pour clamer mon innocence offensante
Sur les estrades de leurs tribunaux coalisés…

Qui suis-je ?
Qui suis-je alors?
Pour ameuter les sensibilités dérangeantes
À ériger des barrières sur leur dynastie …

Qui suis-je ?
Qui suis-je alors?
Pour assombrir les éclats de leur démocratie
Sertie aux holocaustes, de leur peuple haï…

Qui suis-je ?
Qui suis-je alors?
Pour alerter la communauté internationale
Qui est une faction rigide de leur versatilité…

Qui suis-je ?
Qui suis-je alors?
Moi l'interdite,
Fille du Congo
Fille de Centrafrique
Fille de Côte d'Ivoire
Fille du Nigeria
Fille du Rwanda
Fille du Tchad
Fille du Zimbabwe

Qui suis-je ?
Qui suis-je alors?
Fille de l'Afrique
Fille de *souffretude*
Fille de *cadavretude*
Fille de *barbaritude*
Fille de *dépravatude*
Fille de décrépitude

Silence !
Taisez-vous !
Retenez vos souffles !
Ne pleurez point, sur les hectares
Des ossements de nos cadavres…

Silence !
Courage !
Minute de silence !
Minute de résolution !

Où est le soleil ?
Où est la vie ?
Quelles équations pour nos errements perpétuels?
Qui suis-je ?
Qui suis-je enfin?
Fille du fleuve
Fille de l'Afrique
Moi l'interdite…

Agenouillée à Chocona
Vêtue de guenilles
Le corps luisant de pustules
Mes yeux, vidés de tout son liquide lacrymal
Fustigent leurs hérésies occultes…

Silence !
Taisez-vous !
Retenez vos souffles !
Ne pleurez point,
Silence !
Courez partout !
Apportez de l'encens,
Des fleurs funéraires
Pour les embaumer avec dignité…

Reposez-vous !
Reposez-vous !
Victimes de Chocona,
Vous vous réveillerez bientôt !
Leurs hérésies occultes
N'ont pas muselé nos lèvres…

IDENTITÉS FUGACES

Suis-je d'ici ?
De là-bas ?…
… De partout ?
De nulle part ?…
Qui suis-je ?
Où suis-je ?
Où vais-je ?
Qui es-tu ?
Qui êtes-vous ?
Qui sommes-nous en réalité?

Ô identité fractionnée dans un tourbillon !
Tu erres dans la cité en tenue dépenaillée
Conviant pour des alliances écarlates
Les laideurs conspirées de tous ordres
Ô peuple haï au pinacle de l'existence…

L'équité a troqué son innocence
Des systèmes en déprédation
Obnubilent les plus peuple
Qui s'exhibent dans des guenilles indivis
Les pactoles de la République calcinés
Nos identités avec… Quelle décadence…

À la dégénérescence outrageuse de notre identité
Les pendules s'affichent accablés
Les dates en tenues glauques
Exhibent alentour de nouvelles venimeuses
Derechef nos journées en perpétuité
Des casiers ténébreux, maculant nos vécus
Classant nos dossiers dans la colonne de grandes omissions

Combien de sociétés d'État
Ces plus peuple ont entravées?
Combien de projet de développement
Ils ont érigé en patrimoine?
Combien de structures administratives
Ils ont sarclé à leur profit?
Combien de financement
Ils ont maquillé?

Où est notre histoire? Où est notre identité ?
Qui a coloré le futur de notre histoire?
Qui a enseveli son carnet familial?
Oh que nous avons si mal si mal si mal…

Les mots se murent des lèvres tremblotantes
Le chagrin hurle des émotions massacrées
Broyées dans l'immense océan de haine
Le silence muet dans son orgueil princier
Refuse de prononcer l'oraison des turpitudes…

Le chagrin du silence siffle sur les têtes !
Le poids des injustices mutile les sens !
Les spoliations ensevelissent les identités !
Une cité rayonnante de beauté ténébreuse !
Ô déliquescence coupable des moribonds !

Des corps faméliques fouillent les miettes restes…
Les dépotoirs nationaux sont vides … vides…
Mangés, récurés… que de miettes mourantes…
Quelle vie… quel délire… quelle servitude…

Sur leurs lèvres ourlées de frustrations
Défilent le poids des vocables inédits…
Nomades ils sont, dormant au clair de lune
Dansant avec la cithare de la mort …

Filèrent, des décennies de cavale tourmentée
S'abimèrent, les aiguilles de l'horloge planétaire
Jaunissent, les livres aux couleurs du temps
Ils prirent quelques âges sur leurs devines
Ils secouèrent encore les agendas spéciaux
....
À la recherche de leurs identités…

Notre mémoire distillée
Complètement anesthésiée
N'a aucune souvenance des portées historiques
Des vies que nous eûmes supportées…

CŒUR DE L'HOMME

Dès l'aube, la barbarie allie les humeurs
Transgresse hop l'accoutumée docile
Les damnés avec leurs griffes incongrues
Lacèrent piteusement l'unité en loque zèbre
Leurs phénix enfouirent des vies aux ténèbres

Stoïques, les victimes subissent
Aux agapes des spoliations
Beurk beurk beurk… arrêterez-vous
La voix de la plume se noie dans l'indifférence
Le cœur de l'homme a troqué sa bienveillance

Des rafales déchirèrent les métrages de la nature
Les balles enfouies dans les chairs dansèrent le slow
Les balafres torturantes accentuèrent la douleur
Des corps cramoisis pêle-mêle dans la cité nue
Le cœur de l'homme dit mitraillettes et roquettes

Têtes décapitées
Chairs brulées
Périls, délires
Malheur, douleur
Peur, pleurs
……………………………………

PESTILENCE

Le sentier glissant sous nos pieds
Ses corolles mutisme nos bonjours
Les dates étouffées de nos déliquescences
Leurs lèvres ne nous dansent point de paroles

En file indienne, voûtés aux amarres des frustrations
Le monologue de nos viscères s'ébranle des éructations
Au sommet de nos déchéances la parade des asticots
Qui nous rappelle les mille infections choyées dans nos corps

Les cloches de jugement tintèrent à nos oreilles purulentes
Une multitude de musiciens éperonnés de guitare, chancelants
Livre un concert en live à notre décrépitude censurée
Sans ticket d'entrée, nous y avions assisté goguenards

Les musiciens fichus de prime, donnèrent la voix
Nous fichus de paiement, versons des larmes
À nous source tumultueuse, fleuve silencieux
Savonnez- nous, lavez- nous, baignez- nous

Des bruits inconnus dominaient les chants
M'poko est là, oubangui nous enivre
Des cubes de propreté nous astiquent le corps
Annonçant la fin du concert tonitruant…

VALEUR HUMAINE

Je déposerai les sonorités de ma voix
Dans les creux exsangues des arbres silencieux
Bordant le couloir de vos sanctuaires hachés

Je m'en irai voûter par le poids des injustices
Mimer sur vos espaces de jeux déserts
Ce qu'on m'a appris de l'Homme

Unique il est
Spécial il est
Irremplaçable il l'est aussi

Mon écuelle laminée sur la tête
Mes talons ravagés de sillons
Mon corps désert d'affection

Je m'en irai encore recueillir
Les sonorités de ma voix
Déposées quelque part
Pour reprendre le même slogan…
Le respect de la valeur humaine

RÉJOUISSANCES AVEUGLES

Il est des jours, beaux, ivres
Les hommes mendient l'arc-en-ciel
Pour cueillir les nervures de sa gaîté

Il est des jours, froids, tristes
Les hommes rincent leurs oboles
Dans les océans de leurs larmes

Hommage, à l'innocente enfance
Qui suit l'absurde dans sa démence,
Voilée dans le macadam des rituels…

Dans leurs dextres lucifériennes
Ton mignon visage, est une insulte
Tes pleurs décuplaient leurs vices

Ton petit corps frêle, innocent,
Dissimulé dans une étoffe écarlate
Les soleils levants,
Les soleils couchants,
Témoins muets de la tragédie
Empruntent des mots, pour témoigner

O petit corps frêle,
Qui ne verra point la chaude lumière,
Trahir la pensée de ta couette matinale

O innocente enfance,
Mort si mystérieusement
Pour assouvir de sales besognes

Les larmes butinent les visages
La douleur excave les émotions
Un petit corps frêle s'est évanoui

Dans les profondeurs insondables du mal
Les douleurs affreusement châtiées
Des personnes douloureusement affectées

O innocente enfance !
Écorchée cruellement par des éperons
Ton sang sacrifié, que la terre ingurgite
Va bâtir leur empire méphistophélique
De partout des cris de détresse ! Pourquoi
Un Ange invité aux festins des démons

Ici, des rangées de fleurs dénuées de fragrances
Là, des saphirs, étranglés des sentences
À côté, des gamins comme toi
Aux dents blanches de lait, innocentes
Versent des larmes de l'ignorance
Demain, ils comprendront ton histoire

A la maison, un silence majestueux rode
Dans ta chambre, tout est en ordre
Tes habits de cotonnade bien repassés
Tes jouets devenus soudain intouchables
Ton lit non défait, exhalant tes effluves enfantins
Tes parents inconsolables, les Poètes bouleversés…

Vous Poètes et Musiciens,
Abritez de vos facondes, la demeure de Bouba
Etalez vos complaintes comme un parapet
Chantez vos élégies à l'illustre innocence
Et vous toutes les fleurs
Venez avec vos différentes exhalations

ERREMENTS PERPETUELS

Nos tables épousent au quotidien le deuil
Des repas de deuil, des figures de deuil
Des robes de deuil, des noces de deuil
Des lits de deuil, des larmes de deuil…

On nous avait dit : les marais de vos sangs,
Où baignent vos deuils de vicissitudes
Sont des sous-sols rassasiés d'or, de diamant, d'uranium,
De ciment, de fer, de manganèse, de pétrole, de bois…

Où est mon peuple ? Où est ma nation ?
Pourquoi ces errements perpétuels ?

Quand les larmes des Centrafricains
Sècheront sur leurs figures naguère défigurées
De frustrations, de lamentations
Et exsangues de maltraitance
De mal de guerre et des massacres
Seront plantés dans les marais sanguinolent
Des choux et des fleurs …

Sur les parvis de deuil germeront des plantes
Pour nourrir tous ces affamés de la guerre
Éparpillés sur les six cent vingt-trois mille km2 …

Notre terre ce havre de paix
Accueillera des millions d'autres personnes
Assoiffées de paix et de justice…

La nouvelle Centrafrique terre de joie
La nouvelle Centrafrique terre de paix
La nouvelle Centrafrique terre de cohésion sociale
La nouvelle Centrafrique terre d'unité nationale
………………………………………………………

HÉRITAGE

Mon corps habillé de pépites sereines
Offre à ma langue des fibres suaves
Qui dansent la cadence de l'ébène
Dans vos galanteries festives

Toi qui fustige la quiétude à la criée
Regarde les stries que forme le fleuve en ton nom
Où les algues bienheureuses refusent de citer !
Ton corps répondra à la question

Alphabets adoubés d'innocence carcérale
Sur les estrades de culpabilité tu es jonché
Effleurant les résidus de ta conscience !
Ton corps répondra à la question

Les lucioles de ton regard maussade
Dessinent le bégaiement sur ton visage
Je déposerai les culpabilités de ton innocence
Derrière les compartiments de notre enfance

Balance un autre rêve à ton corps
Apprends lui à aimer l'ivresse des mots
Chante lui le langage de la tendresse
La haine n'est pas un héritage

OUTRAGE

L'avenir de mon pays râpé
Dans un couscoussier funeste
Tangue à tous vents…

Au vent de la décennie!
Au vent du centenaire!
Au vent du millénaire !
Au vent de l'infini moins zéro!

Plusieurs vies, tu as eu mon pays,
Rangées frauduleusement
Dans les mallettes mystérieuses
Des indépendances épluchées
Émaillées d'une démocratie évanescente,
D'une médiocratie intemporelle…

Applaudissez ce record !
Cette médiocratie ici et là !
Corruption, clanisme, clientélisme !
Une légion vampirique affairée,
Avec des tranchants qui s'épandent sur les élites
Les abrogent clic clac…

Ils ont joué avec notre République !
Ils ont pillé nos ressources !
Ils ont enseveli nos identités !
Ils applaudissent nos obsèques nationales !

Dans le décor des lamentations,
Nous avancions en file indienne,
Faméliques, avec nos labels d'outrages
Sur les sentiers des souvenirs …
Vive la République!

Oh mon peuple lassant !
Oh mon peuple souffrant!
Oh mon peuple agonisant!
Toujours dans une perpétuelle errance…

Que cherchons-nous dans ces dédales ?
La somme de notre exclusion !
Les miettes de notre identité !
Le quotient de notre unité !
La parodie de notre réconciliation !

Le soleil se lève sur nos vicissitudes !
La journée se branle sur nos indignités !
La nuit martèle nos émotions éhontées !

La douleur nous investit !
Le chagrin nous calcine !
L'effroi nous hante !
La psychose nous déroute !
L'insécurité nous dévore !
L'incertitude nous tourmente !

La douleur est là !
La douleur est toujours là !
Bien enracinée dans nos habitudes !
Elle nous enlace de ses fibres piquantes !
Notre quotidien s'empiffre de sa présence…

Toutes ces déviations !
Toutes ces destructions !
Toutes ces afflictions !
Toutes ces résignations !
Toutes ces lamentations !
N'égrènent point les attitudes dans ce pays
Les cœurs soigneusement entretenus par le péché
Ne s'ébattent point de nos vicissitudes…
Vive la République!

SOURIRE À LA VIE

Éteignez vos lanternes
Fermez vos yeux
Retenez vos souffles
Laissez battre vos cœurs éteints
Souriez à la vie

Poussez-vous vaines paroles
Où gravitent les saprophytes destructeurs
S'esclaffant des souffrances accumulées
De leurs cœurs arides, point de compassion

Des lucioles vêtues au seuil de vos portes
Enluminent les cavités de vos demeures
Ne point cacher vos vicissitudes outragées
Il est temps de se parader enfiévré

Je ne marcherai plus sur ces sentiers
Baignés de sang, parsemés de cadavres
Donnez-moi vos sourires

DÉCLIN

Des visages cousus de tristesse !
Des lèvres bardées de silence !
Des pieds enluminés des horreurs !
Des mains serties aux holocaustes !
Des tables dressées dans l'épouvante des agapes !
Ne point se retourner est la consigne…

Une horde famélique, tremblotante !
Des dentitions proéminentes ;
Une seule bouchée aux orgies…
Les têtes tombèrent dans un grand fracas…
Les membres déferlèrent aux quatre vents…

Puanteur sacrée, nettoie les narines de tes relents…
Asticots de la principauté, vêt-les de soie pourpre…
Terre des ancêtres, enveloppe-les de ton digne linceul…
Larmes asséchées, coulez en trombe
Pour nettoyer les parvis de la décadence…

Regarder en arrière !
Démolir tous les monticules !
Bâtir des cités de souvenirs !
Où les épitaphes seront des citadelles !

Nous le ferons !
Nous le ferons !
Nous le ferons !

QUÊTE

Que voient les yeux,
Dans les turpitudes de ce monde ?
Qu'écoutent les oreilles,
Dans ces brouhahas délétères ?
Que susurrent les lèvres
Dans ces torrents de désolation ?

Dans cette galaxie nébuleuse,
Des débris de sentiments,
Des épines de souvenirs,
Des cicatrices incommodes,
Des chagrins voraces,
Disputent la quiétude…

Que faire alors ?
Écrire les belles pages !
Transcrire les belles pensées !
Sculpter les mots avec le cœur !
Dessiner le beau avec le sourire !
Détruire les barrières avec la joie…

CE SOLEIL-CI

Sur le long corridor, abrupt
Les ronces aux ergots venimeux
Les érosions aux écailles coupantes
Les brigands, aux mains ensanglantées…

Que n'a-t-on pas encore vu
Sous ce soleil-ci, ce soleil là
Ce soleil aux fichiers plaisants
Ce soleil aux fichiers déplaisants…

Les versatilités, avec fluorescence
Font la fête en toute indécence
Sans se soucier de la conscience
L'envoyant paître sans éloquence…

S'inscrive alors aux versos des agendas
La matrice du temps, pour régler les horloges murées
A qui mieux-mieux alors avec indélicatesse
Stoppant ainsi, l'élan des fausses prouesses…

IMMENSE TERRE

Immense terre,
Immense tristesse,
Immense solitude …

Il n'y a plus de rire
Sur cette immense terre.
Seuls les chants liturgiques,
Animent les mélancolies…

La sentence coupable des meurtriers,
Attise la parade de la vengeance ;
Sur toute l'étendue de cette immense terre…

Donnez-nous un nouveau nom
Pour cette immense terre,
Qui surplombe des hectares à l'infini…

Cette immense terre,
Joue la valse des abimes de solitude
Mais invite les morts à ses soirées de gala…

Immense terre !
Immense souffrance !
Immense prison perpétuelle !

Donnez-nous un nouveau nom
Pour cette vaste terre,
Qui s'effrite dans des querelles intestines…

Immense terre de clanisme !
Immense terre de division !
Immense terre de haine !
Immense terre de médiocratie !
Immense terre de rébellion !
Immense terre de corruption !
Immense terre de destruction !

SOURIRE POUR GUÉRIR

Des cris de terreur déchirèrent la nuit
Volèrent en éclats les débris de vie
Hurlèrent encore les kalachnikovs
Détalèrent dans tous les sens les envies…

Défilèrent alors les tableaux crasseux
Succédèrent ensuite les débris nauséeux
Marchèrent fatigués les sans abris
Pleurèrent en concert les enfants atterrés …

Réclamèrent aussi les jeux d'antan
Qui suffoquèrent sous les détonations
Acclamèrent alors le rire et le sourire
Ne point succomber des envies meurtrières…

Poussèrent enfin des cris de joie
Envoyèrent les butins de guerre
Dans tous les ilots de la paix
Profitèrent des avantages de la cohésion sociale…

Jouèrent gaiement les causes nobles de l'unité
Envoyèrent des messages de dialogue aux quatre vents
Traversèrent les contrées sans frayeur…

Rire et sourire pour guérir
Anéantir les travers des influences
Appauvrir les armadas de la guerre…

MA DOULEUR

Ne peux-tu marcher en silence
Comme je le fais désormais
Sans baisser le regard
Fouillant vos passages, vos gestes
Identifiant vos mimiques dépravants…

Vous me faites pitié dans vos délires
Je ne baisserai plus la tête
Je plongerai mon regard dans vos vices
Cherchant la moindre indice…

Je n'ai plus peur de vos bêtises !
Je n'ai plus peur de vos haines !
Je n'ai plus peurs de vos moqueries…

Désormais c'est vous qui ne me supporterez plus
Vous n'aurez plus le courage de fouiller dans ma vie
Vous n'aurez plus le courage d'affronter mon regard
Dans ce regard, vous vous mirerez dans l'océan
Du mal que vous m'avez fait…

Je me tiens la tête haute et vous salue
Vous m'aviez fait pleurer
Vous m'aviez fait souffrir
Vous m'aviez ôté la féminité
Aujourd'hui j'affronte la vie
Sans la moindre rancune…

Je suis une femme mûre !
Je suis une femme virtuelle !
Je suis une femme guérie !
Je suis une femme bénie !

Et je vous remercie pour ce mal
Pour tout ce mal que vous m'avez fait
Je vous pardonne
Vous êtes pardonnés…

ASSASSIN

En un tournemain assassin
Le scalpel dans la chair tailladée
Le visqueux liquide
D'un rouge clair s'écoule

Les yeux de la victime enrobés de questions
Sa bouche couverte de silence
Vite mourir, l'urgence de la haine

De l'hôpital tu fus sauvé
Mais, sans regret de l'acte
D'autres équations, il médite

Sous terre tu dois être
De ta présence il n'en veut point
Sa stratégie, assister un ami

Alimenté de mépris, de haine
Le tueur dans sa méditation criminelle
Aux gardiens des locaux, pour payer les soins

De sa poche ténébreuse une damnation d'officine
Son état vampirique, de la chambre il fut guidé
Tu étais là sans défense sous ses yeux

De ta respiration ils ont violé celle de Dieu
Des câbles de vie artificielle te relient aux ténèbres
Sans péché, il a plongé la sérénité dans ta gorge

Un râle, deux, tu rouvres les yeux le questionne
De l'autre angle biaisant le couloir de la salle
Il s'en fut savourer son exploit maléfique

Lorsque, emmailloté de ton sang tu vins vers lui
Au voleur est le chant qui rompit son silence
Vers la morgue tous se dirigeaient

Personne pour attraper son voleur
Un pas, deux, en arrière il fit, tu es déjà sur lui
Ensemble vous irez pour les tribunaux loyaux…

DIGNITÉ

Ô dignité
Pourquoi n'héberges-tu pas l'homme
Sous ton lourd manteau de décence ?

Ô dignité
Pourquoi n'étends-tu pas ton voile de pudeur
Pour vêtir toutes ces nuisances dépravantes ?

Ô dignité
Pourquoi ne couves-tu pas la pensée
Dans la symétrie de ton empire ?

Venez humanisme !
A moi citoyenneté !
A moi identité !

Invente-moi la vie
Gaie libre stable
Invente-moi une histoire
Douce éloquente
Invente-moi la paix

Habille-moi de ton manteau de décence

TOUMTOUMTOUM

Là-bas sur les places publiques,
Une danse des forcenés
Holà holà holà holà
Les gourous d'hier,
Aujourd'hui, victimes,
Toumtoumtoum toumtoumtoum
Les rires dessinèrent leurs éclats
Aux commissures de toutes les lèvres…

Là-bas, dans leurs familles,
Chez leurs alliés holà holà
Les pleurs s'arc-boutaient aux lèvres
La légion vampirique, soudain aveuglée,
À la merci des victimes d'hier, holà holà.

Les trésors amassés, changèrent de maitres
Toumtoumtoum, des pas de danse enfiévrée !
Flotte alors la poussière, ce parfum holà
Cette poussière, où tous retournerons…

Toumtoumtoum
Toumtoumtoum
Toumtoumtoum

POURPARLERS

Une nuit longue !
Un silence au vocable effrayant !
Une furie du ciel en confession !
Une insomnie indescriptible !
Un espoir hanté de pourparlers…

D'un pas mal assuré, le peuple avance,
Pour franchir la lisière du chaos ;
Les métrages acérés des étoffes du mal,
Se déploient avec cynisme ahurissant.
Les lèvres avérées se taisent…

Une nuit longue !
Des victimes interrogateurs !
Des sentences imbriquées !
Des générations sacrifiées !
Un silence coupable…

Qui portera la clé du silence ?

AMOUR FRATERNEL

Au creux de mes mains innocentes
J'avais recueilli des victimes innocentes
Les feuilles tendres éparpillées sous nos têtes
Un lit feuillagé aux situations désuètes

Les forces des vieilles années étouffent
Les yeux gardiens des refuges damnés
Saignent de ces insomnies accumulées
Dans les prunelles, picotement acidulé

Porter ce fardeau innommable et courir
Non cacher mon frère pour le vêtir
Travail harassant pour ces organes débridés
L'instinct de survie m'a poussé à décoller

Au creux de mes mains ankylosées
Mes biceps endoloris
Mon âme angoissée
Mes pieds fissurés
Mon corps éreinté

J'ai pu cacher mon fardeau
Dans le creux de la lumière
La lumière de l'amour fraternel

Alexandrine LAO

ARMES À FEU

Armes à feu, stylo de meurtre…
Créées par l'homme, tu le domines
Tu signes la violence, le meurtre
Tes propos sont carnage et terreur…

Un beau matin,
La cité ensoleillée se crispe…
Un brouillard craché par ton venin
Obscurcit son horizon…

Un bruit perçant, assourdissant   ,
Déchire le ciel en menus morceaux…
Les granulés mortels de ta déflagration
Viennent de décider le sort d'une vie…

Armes à feu, stylo de meurtre…
Ta silhouette entraine l'émoi
Quand tu parles, le sang déserte
Son logis, danse la sarabande…

Armes à feu, stylo de meurtre…
Tu fais des victimes à la ronde !
Tes victimes n'ont pas d'âge !
Elles n'ont pas de carte d'identité !

Dans les sanctuaires de souffrance
L'homme à la blouse blanche, opère un organe…
Ampute un membre, suture une peau
Arrête une hémorragie, réajuste un os cassé…

Armes à feu, stylo de meurtre…
Même sauvées, tes victimes resteront
Des handicapées physiques mentales…

A l'école, les enfants n'assimilent point !
Toujours aux aguets guettant ton passage…
Le tintamarre d'une crevaison
Suffit à les dérouter…Ô débandade…

Armes à feu, stylo de meurtre…
La cité devient obscure
Par ton concert lugubre
Qui contraint à une vie d'errance…

Ton venin craché a transformé les champs
Les tubercules sont substitués par les armes
Tes victimes stoïques, se familiarisent
Avec la misère qui pèse sur elles…

Toi le possesseur des armes à feu !
Toi qui développes la haine, le mépris !
Toi qui gardes le malheur bien caché,
Au fond de toi…

Ton amour hypocrite envers ton frère
Où ton joyau meurtrier
Dissimulé dans ton trench coach
Le darde, je te demande d'arrêter…

Qui est coupable ?...
Le coupable c'est moi
Par mon mutisme
Je refuse le dialogue
J'affûte la haine
Je privilégie les armes…

Le coupable c'est nous
Par notre silence complice
Nous avions été passifs
À la prolifération des armes dans la société…

Où allons-nous dans ce monde ?
Si l'amour concède à la haine ?
L'union à la ségrégation ?
La compassion à la déshumanisation ?
L'équité aux iniquités ?
L'identité à l'appartenance ?
Le dialogue à la division ?
La paix à la guerre ?
Le monde est pollué
Chantons ensemble la paix et l'amour
Pour combattre le virus du mal
Vivre dans la plénitude…

PÊCHE STÉRILE

Ils jettent leurs filets
En califourchon sur le fleuve
Courtisant les poissons
Avec leur hameçon

Ils jettent leurs filets
Ameutant le fleuve
Réunissant les leurs
En assemblée générale

Ils jettent leurs filets
Ils retirent leurs filets
Ils jettent leur désespoir

EXIL

Encore séparés de la famille
Des habits et peccadilles
Les maisons désertées de toute affection
Abritent d'autres autres passions…

Embaumé d'un désespoir innocent
Lourds furent les balluchons tonitruants
Sur les épaules sanguinolentes
Qui mendièrent de bon traitement…

Ils ont confessé leurs barbaries
Avec des mots puisés des ténèbres
De leurs bouches amères aux avanies
Dans une arrogance nègre…

De retour
Corps léger
Cœur plein d'amour
Yeux sur le cocher…

Un retour pesant
De l'exil déroutant
Voleur de présence
Dans les pires absences…

Tout recommencer
Ensemencer
Les graines de Léthé
Avec dextérité…

L'exil n'a pas d'identité.
Il se cache au tréfonds de l'âme
Il ne porte pas la honte
Il défie la quiétude
Détériorant la personnalité
Qui méprise l'autre…

BONNE HUMEUR

Je n'ai fait qu'aligner les mots
Dans l'enchevêtrement des lettres,
Maculées de parfum vorace de défi
En extraire les sucs imbibés de délits…

L'écho ensorcelant des phrases
Butine les rumeurs travesties de la cité
Où suis-je, avec mes alphabets héroïques
Tourner la page, c'est haïr le commencement…

Ramer, tanguer, danser, slamer, chanter
Conjuguer un autre monde de péché
Où la Providence n'intervient point…

Tête haute, sourire électrisant aux lèvres
Je me plante aux sommets
De tous leurs préjugés morbides
Ma silhouette déformée,
Envenime leur médisance plurielle

Tête haute, je fixe la quantité
De leurs délits, comparés au mien
Je leur offre encore mon sourire
Pour rire de ces délires… fiévreux

EMPREINTES DE DOULEUR

Ô rage ! Ô désespoir !
Crierai-je à l'infini
De vouloir ranger ma dignité
Aux abords de vos consciences stériles ?

J'eusse aimé assembler le déni de mon Être
Éclaboussé de puanteur
Les parcelles de mon corps
Empreintes de douleur
Déficeler une autre équation de mon vécu
…………………………………………………
J'ai raccommodé les lignes de mon visage
Au zénith de mon innocence légitime
Pour polir l'érosion des frustrations outrancières
Lovées dans la matrice de ma douleur…

J'ai aussi déshabillé l'amertume
De son voile obscur
Habillé mon corps de parures…

LE PONT

S'affirmer dans la clémence
Exceller dans la démence
Quelle est votre éloquence
Au rythme de cette cadence ?

Avec un plaisir démentiel
Les hommes tuent, immolent
Ravis de jouir en cette festivité
Comme danser la valse du tango
Bien que tuer n'est pas danser

La cadence du chant : une berceuse
La crépitation des balles : une faucheuse
Quelle misère pour les enfants, les femmes
Les vieillards usés de leur passage
En crescendo, l'horreur défend sa légitimité

Le soleil empourpre les corps !
La cité se décime de calvaire !
Le sourire déserte les visages !
La mort s'invite dans les honneurs !
....
Vinrent alors les poètes, les musiciens
Qui rebâtirent des cités aux couleurs arc-en-ciel
Des ponts sculptés avec rimes et mélodies…

Alexandrine LAO

LANGAGE DE DEUIL

Tête haute, regard perçant,
Les mots s'effritent du poème,
Portent en bandoulière leur langage…

Un chant, un sanglot
Un soupir, un silence
Un cri, une désolation…

L'amalgame de la douleur,
Dans un cri qui déchire
Un silence qui complait…

La plume cède son trône aux mots
Qui s'illustrent d'emphase
Peignent la vie à leur manière…
Les mots chantent le deuil !
Les mots dansent la désolation !
Les mots habillent le chagrin !

En leur compagnie, les femmes,
Cheveux au vent, pieds nus,
Les pagnes relevés par la douleur…

Point de pudeur pour inconsolables !
Point de sourire pour endeuillées !
Point de linceuls pour vivants !

Le ciel se vêt de ses habits pourpres,
La terre s'excave, enfouit les délires ;
Les vivants pleurent leurs morts…

L'apothéose des cris de cœur,
Enveloppe les terreurs insolites,
Dans ces artifices de cohésion…

Plus de nuits calmes !
Plus de nuits de noces !
Plus de joies innocentes !

Encore des morts innocentes !
Encore des linceuls précipités !
Encore des insensibles aux hécatombes… !

LES RIENS

La liberté massacrée,
Quel poids plume, pour la soupeser…
Lui ôter les carats de ses dévoiements…

Les yeux alors, en quête du beau,
Se butent à la torpeur des guenilles
Il n'y a pas de honte sous ce soleil-ci

Chut ! Silence. La bourgeoisie passe !
Pas de bruit ! Pas de tintamarre aveugle !
Pas de gazouillis abracadabrants !

Les yeux admirent la quintessence…
Les yeux applaudissent la déchéance…
Les yeux caressent la paupérisation…

Les yeux sont fatigués…
Voyez !
Regardez !
Admirez !

Dites à vos larmes de ne point couler…
Elles ont provoqué des inondations dans l'aude…
Elles ont créé des éboulements en Haïti…
Elles ont incendié des maisons en Centrafrique…

Vos yeux…
Vos pleurs…
Vos larmes…
Vos tristesses factices…
Ont engendré les ouragans de ce siècle…

Silence !
Pourquoi vous vous ôtez la joie ?
Peuple de discrimination, de division !

Vous n'aimez rien !
Vous n'acceptez rien !
Et vous n'êtes rien !

Vous n'êtes rien !
Des fatras de désolation !
Des sébiles de dépravation…

Ôtez le passage !
La bourgeoisie passe !
Applaudissez seulement…

Vous les riens…
Vous n'êtes rien
Vos pleurs, ne changeront rien…

PARTIR

Partir un jour,
Loin des turpitudes de ce monde,
Dos courbé, sous le poids des injustices.

La peau, vêtue de symboles des sévices,
Tête haute, regard perçant la tour,
Jouir encore des blessures immondes…

Partir un jour,
Oublier les dérives de ce monde,
Où, l'humanité absente s'écroule…

Partir, oui partir un jour,
Avec bagage, la douleur, les larmes,
Se fondre dans le néant…

Palper l'évanescence de l'être !
Partir, pour toujours !
Ne plus revenir pour pleurer…

Partir, oui partir,
Colorer d'autres cieux de sourire,
Malgré les brûlures des larmes,
Malgré la nostalgie de la douleur
Partir, revêtir l'humanité absente,
De diadème de saphir…

L'AUTRE TAM-TAM

Écoute rebelle, puisses-tu
Un peu arrêter le massacre
Odieusement des vies ôtées
Commémorent ton sacre…

Leurs âmes languissantes
Sur les avenues désertées,
Réprimé tu seras, au travers
De ta conscience anesthésiée…

Nos folles douleurs tu porteras
Dans le creux de tes entrailles.
T'illustres- tu insensé à vibrer
Les canons comme victuailles ?

Du décor de ta lance-roquette,
Notre démocratie asphyxiée.
Écoute-moi rebelle, tu n'es
Qu'un misérable sans identité…

De ton diabolisme, mon pays
Tu agenouilles la propension.
Valeur éthique, valeur compétente,
Où est l'administration ?

Dévorée dans les maillons
De ton cœur haineux, non dilaté,
Rebelle quand arrêteras-tu
Ce bataillon de calamité ?

De ta pétoire rouillée,
Ta ferveur cramoisie au démon du mal
Pour torturer par la haine, et tuer,
Écoute-moi rebelle,
Tu es d'une notoriété macabre…

Écoute rebelle, ne vois-tu pas
L'autre horizon qui s'annonce
De la plume des Poètes ?
L'autre tam-tam qui résonne frais
Éclaboussant la cadence de tes roquettes ?

Mon peuple, ma houe pendue
À nos destins ensanglantés,
J'irai par les routes silencieuses,
Défricher de grandes parcelles de l'unité…

J'irai aussi notre histoire psalmodiée,
Secouer les astres effervescents,
Illuminer nos affres taraudes
En attirant l'arc-en-ciel dans nos maisons…

Venez, venez, cher peuple
Venez, vous aussi bourreaux attitrés,
Boire les eaux du Léthé
Et lâcher la coupe de l'obscur passé …

BRISURE

Laisse l'autre soleil,
Illuminer l'obscur de ta haine
Enlève cette voile de pesanteur
Qui afflige les rainures de ton cœur

Aime-moi, si tu veux d'abord,
Déteste-moi si tu peux alors
N'habite pas la rancœur
Avec les trésors de ta vie

Partir, fuir, rester, partir
Fuir, ne plus revenir
S'exiler sur une terre sans nom
Le voudras-tu vraiment pour ton frère ?

Oui, partir, ne plus regarder en arrière
Fuir au loin, ne plus revenir
Choir, au milieu des haines
Se faire piquer par leurs dards…

Où est le soleil ?
Où est le temps ?
Brisure des lendemains…

INCONSCIENCE

Malheur à toi, ô peuple de barbarie
Qui souille le lit de l'unité
Par la profanation des valeurs humaines

Malheur à toi, ô peuple de misère,
Qui applaudit la cadence éhontée
De la déliquescence outrée

Malheur à toi, ô peuple immature
Avec ta conscience anesthésiée
Qui croupit sous le poids dur
De la démocratie ensanglantée

Malheur à toi, ô peuple
Qui n'a pas fini de ranger
Les ossements des cadavres…

INCONVERTIBLE

Vos rires, furetant les alcôves de ma douleur
De marbre suis-je, vous invitant aux orgies
De la déliquescence asexuée de vos envies
De progénitures, vous n'en aurez point…

Devant les tribunaux de l'histoire,
Inconvertible, serai-je avec sérénité
De vos impressions morbides, vous croulerez
Je me parerai de toutes les dignités…

Mes pas trainent, soulèvent les résidus
Amarrés aux douleurs et aux larmes
Fantoche, suis-je au milieu des délires
Les pas incongrus, avancent incertains…

Inconnu, une nouvelle patrie
Souillure, la gifle ostentatoire
Va, marche, pleure, gémis
Arrache les lanternes du silence

Suis-je de ce monde ?
Poubelle, ma place…
Délires, mes propos…
Larmes, mon quotidien…

COUPABLES

Ne noircissez point le tableau de l'histoire
Vous…
Oui vous
C'est à vous que ces propos sont adressés
…………………………………………………..
Vous ne clamerez point votre innocence
Vous êtes maculés de nos débris incommodes
Vous avez dépouillé nos consciences
Vous êtes assis sur le trône de nos facondes
Vous avez dévidé nos entrailles
Vous avez assassiné nos habitudes
Vous avez inhumé nos identités
Vous avez bradé notre existence

Vous serez devant le tableau de l'histoire
Et vous répondrez à toutes les questions

LOIN DES OFFENSES

Je viendrai, au creux des réveils
Illuminer vos espaces déserts
Enclencher la pureté de l'éveil
Pour noyer les puérils pervers…

Je viendrai, rassasiée des écueils
Animer nos lieux de repos de vers
Chasser au lointain, les travers
Qui ont maculé nos vies, vermeils…

Je viendrai, enrobée de gaité,
Psalmodier les vers engagés
Pour booster nos consciences
Renaitre loin des offenses…

INJUSTICE

Quel chemin prendras-tu ?
Enfant du monde, au regard perdu
Les espoirs noyés dans les tumultes…

Qui salueras-tu ? Pédant défroqué
A l'horizon de la gouvernance virale,
De ce monde que tu as déshumanisé…

Tribunaux coalisés, commissariats,
Geôliers pathétiques, furibonds
Escaladez la monture de vos honneurs…

ANGELUS DE L'AMOUR

Les splendeurs de l'amour
Dans les entailles de mon cœur
Inscrivent la tribu de leurs facondes
Sur la lisière des trésors de mes lèvres…

Je parlerai son patois constant
À l'inconnu au visage absent
J'agiterai l'humus de son éloquence
Pour disperser la haine stérile…

Je m'envolerai au-dessus des discordes…
Avec le seul langage de l'amour
Je briserai les mémorandums sinistres
Et allumerai le sourire sur les visages…

Je fêterai ses vertus inféodées
Sur les frontières de la haine
Je publierai ses apophtegmes
Dans tous les psaumes du bonheur

Je lui chanterai une ode puritaine
De mes lèvres audacieuses s'élèvent en écho
Des brasiers de mélodie, de folklore ivre
Pour illuminer vos visages atones…

Je me parfumerai de la poussière de vos sueurs
Je danserai à la rythmique de l'angélus de midi
Souple, sereine, épanouie, libre sur les cendres
Refroidies de nos querelles puériles…

SOLITUDE

J'ai plongé mon regard
Dans l'abîme de solitude
Il n'y a point de rencard
Dans cette galaxie de servitude

J'ai rangé ma détresse
Dans le tiroir de la vie
Où la promesse
Est une parodie

J'ai hurlé au sommet de la justice
Pour ébranler la quiétude des forts
Mais je me suis butée à leur malice
Perpétrée pour causer des torts…

PLEURE MON PEUPLE

Poussez-vous damnés !
J'ai entendu crier
Mon peuple famélique,
Rangé de l'autre côté de la palissade
Les yeux exorbitants de frustration, pleurer…

Poussez-vous insensés!
J'ai regardé mon peuple
Noyé dans l'océan des vicissitudes
Le corps rongé de morbidité,
Souffrant d'éructations déchirantes…

Taisez-vous inconscients !
J'ai vu mon peuple
Marcher sur des décombres de puanteurs
Famélique, efflanqué, le regard absent
Étranger sur sa propre terre…

Arrêtez-vous mesquins, avec vos grenouillages
J'ai compris vos manœuvres dilatoires
De spolier et de diviser tout un peuple
Aux fins de vos intérêts poisseux
Vous répondrez devant les tribunaux de l'histoire…

Quelle vie !
Quel cirque !
Quelle gabegie !
Quelle bassesse !
Quelle inconscience !
Quelle incommunicabilité !

Mon peuple, vagabond sur une terre qui est sienne
Je leur ai crié à tue-tête, ô mon peuple mien
Souriez, souriez, leur ai-je crié encore et encore

Souriez avant de pleurer cher peuple, ô mien peuple
Souriez, souriez, montrez-leur vos lèvres édentées
Souriez encore et encore mien peuple
Montrez-leur les larmes de vos corps ébranlés…

Je leur ai encore et encore crié à tue-tête !
Souriez cher peuple, souriez de plus belle !
Avant de pleurer la résignation de vos souffrances !
Souriez, offrez-leur vos corps faméliques!

Je leur ai encore crié !
Entassez vos oboles !
Sucez vos mains baladeuses !
Offrez-leur vos regards ensevelis de gaité !

Souriez, offrez-leur vos souffrances parades !
Montrez-leur vos entrailles déchiquetées !
Pleurez et dites-leur vos faméliques opulences !
Mien peuple !
Mienne souffrance !
Mienne indignité !
Mienne résignation !
Mienne inconscience !
Mienne incommunicabilité !
Mienne immense terre incultivable !
Mienne douleur
Mienne rage !
Mienne damnation !

Pleure cher peuple !
Pleure ta douleur quotidienne !
Pleure ta conscience éclaboussée à la ronde !
Pleure l'incivisme à grande vitesse dans ton pays !
Pleure l'inaction des valeurs morales dans ta société !
Pleure tes vandalismes exagérés, illégitimes, meurtrières !

Pleure oh mon peuple !
Pleure l'éthique bradée !
Pleure ta jeunesse en perdition !
Pleure ton éducation escamotée !
Pleure ton manque de patriotisme !

Pleure encore cher peuple !
Pleure, pleure et repleure !
Pour ta conscience délabrée !
Pleure ta société en désuétude !
Pleure pour ton inconscience !

Pleure ton pays en déprédation !
Ton système éducatif bringuebalant !
Pleure, pleure, pleure, encore et encore !
Pour tes hôpitaux mouroirs !
Et ton identité fragmentée !

Pleure, pleure, pleure, pleure !
Pleure tes sommités méjugées !
Pleure ton existence avachie !
Pleure l'autorité de l'état bafouée !
Pleure tes 623.436 km2 inexploitées !

Pleure, pleure, pleure, pleure !
Pleure la parturition de ton sous-sol !
Au profit des tiers, te laissant pantois !
Pleure, pleure, l'incertitude de ton avenir !
Pleure, pleure encore et encore mien peuple !

Pleure, pleure, pleure en excès mien peuple !
De l'appropriation de ton pays par les viens-partout !
Pleure aussi, mien peuple pour la lumière de l'obscurité
Qui se balade en tenue de princesse dans ta belle cité !
Pleure encore mien peuple, mienne douleur, mienne souffrance !

Pleure mien peuple, pleure aussi pleure surtout
L'incivisme notoire à ta devise unité-dignité-travail
Qui est désormais : division-inconscience-vandale
Pleure oh mien peuple, de cette frustration
Pleure la valeur de ton étendard interverti…

Pleure ta devise spoliée
Pleure ton patriotisme tronqué
Pleure toujours cher peuple
Pleure pour ranimer les cendres de l'unité calcinée

Pleure larmes, pleure peuple !
Pleure chair spoliée !
Pleure éthique bradée !
Pleure justice ébranlée !
Pleure loyauté reléguée !
Pleure patriotisme bradé !
Pleure société immorale !
Pleure élite éradiquée !
Pleure médiocratie applaudie !
Pleure unité calcinée !
Pleure conscience anesthésiée !

VIENS À MOI

Viens à moi, poème aux couleurs vives
Illuminer ma case de lueur vorace
Pour qu'en ta présence je danse…

Viens à moi, poème au chant de louange
Pour que je t'emprunte mes lèvres rosées
A chanter des cantiques encore et encore…

Viens à moi, poème épris de nostalgie
Pour qu'ensemble, nous revisitions
L'épais album décoloré de ce passé

Viens à moi, poème de bonheur
Pour noyer mon chagrin dans tes rimes
Et butiner le sourire sur mes lèvres…

DÉSHUMANISATION

Qu'espérais-tu recevoir de la vie,
Si hermétique, tu as verrouillé tes portes…

Qu'espérais-tu recevoir de ton prochain,
Si ton cœur refuse de porter sa chaleur…

Qu'espérais-tu recevoir de la société,
Si tu es hostile à toutes relations humaines…

Qu'espérais-tu recevoir de la terre,
Si de tes deux mains, tu ne la touches pas…

Qu'espérais-tu recevoir de la solidarité,
Si aride est ton sens de l'humanisme…

LE TEMPS

A qui appartient ce temps ?
Ce temps, derrière lequel
Nous bousillons nos rapports
Avec les autres pour poursuivre ?

A qui appartient ce temps ?
Ce temps, qui enlumine nos identités
Faisant de nous des clochards

Ce temps au regard limpide
Où nous avions jeté nos rancœurs…

Ce temps si fugace, si intemporel
Qui supporte nos velléités…

Oh que pitié, j'ai pour nous
Avec nos poids plumes de poussière…

Alexandrine LAO

PLUS JAMAIS CELA

Ode crépusculaire à toi, ô Centrafrique,
Naguère vilipendé par l'asthénie sociale
Où la cité, enlaidie de l'opprobre de la guerre,
A souvenance des milliers de vies perdues…

Dans toutes les contrées :
Calamité nationale !
Horreur épouvantable !
Plus jamais cela non !

Qui a brisé le miroir chimérique de l'unité ?
Sur les cendres de l'unité calcinée,
S'élèvent en écho persistant,
Des murmures aux perles magnanimes…

DÉTENDEZ-VOUS

Détendez-vous, allez partout cueillir des roses ;
Mettez-les aux coins des rues atypiques,
Pour embaumer les journées mélancoliques…

Détendez-vous, franchissez les barrières !
Détendez-vous, colmatez les ornières !
Détendez-vous, optez pour le dialogue !

Détendez-vous, sautez, poussez des cris de joie !
Détendez-vous, tenez-vous la main dans la main !
Détendez-vous, regardez-vous comme frères et sœurs !

Détendez-vous, offrez vos sourires à l'inconnu !
Détendez-vous, habillez-vous de couleurs gourmandes !
Détendez-vous dansez au bal enivrant de la macédoine !

Les étoiles épouseront nos maisons,
Leurs paillettes diamantines
Couronneront nos lieux de repos
Et nous danserons dans la joie…

RÊVE ... RÊVE

Rêve ... Rêve que chaque Centrafricain,
Fera un pas vers son frère ... Africain...

Rêve ... Rêve que la calebasse trouée de méchanceté,
Sera colmatée par la force de l'amour, de l'unité ...

Rêve ... Rêve que dans chaque famille il y aura le sourire un
Ballet de tendresse contre la violence, la maudire ...

Rêve ... Rêve au bonheur des enfants en Centrafrique,
Le même pour les enfants de toute l'Afrique ...

Rêve ... Rêve des maisons au lieu de taudis aux démunis,
Fustigeant les injustices outrancières pour être mieux unis...

Rêve... Rêve de démantèlement des réseaux des armes,
Pour la pacification de la planète sans armes...

TABLE DES MATIÈRES

www.ingramcontent.com/pod-product-compliance
Lightning Source LLC
LaVergne TN
LVHW091716190726
843493LV00001B/331